段战江 / 著

“脂”点江山

触摸历史上最动人的胭脂痕迹

南方日報出版社
NANFANG DAILY PRESS
中国·广州

图书在版编目（CIP）数据

“脂”点江山 / 段战江著. —广州：南方日报出版社，2007.5
ISBN 978-7-80652-601-9

Ⅰ. 脂…　Ⅱ. 段…　Ⅲ. 女性—历史人物—中国—通俗读物
Ⅳ. K828. 5-49

中国版本图书馆 CIP 数据核字（2007）第 040452 号

“脂”点江山　　段战江 著

出版发行：南方日报出版社
地　　址：广州市广州大道中 289 号
电　　话：（020）87373998-8502
经　　销：全国新华书店
印　　刷：广东信源彩色印务有限公司
开　　本：889mm×1194mm　1/32
印　　张：7. 25
字　　数：180 千字
版　　次：2007 年 5 月第 1 版
印　　次：2007 年 5 月第 1 次印刷
定　　价：20. 00 元

投稿热线：（020）87373998-8503　读者热线：（020）87373998-8502

网址：http://www.nanfangdaily.com.cn/press　http://www.southcn.com/ebook

目　录

触摸历史上最动人的胭脂痕迹（自序）

1

坦率地讲，江山和美人，是一个老掉牙的话题。两者结合起来，更是没有任何新意。但我还是特意选了这样一个角度切入，试图讲些不一样的东西出来。

尼采曾经大言不惭地说过，“女人是英雄的消遣”。这当然是大男子主义的传统论调，不值得赞扬。可不幸的是，中国恰恰有这样的历史和传统。当然，除却母系氏族，在人类文明史上，别的国家应该也差不多吧。中国最大的不同之处，是这样的历史题材很丰富，而且归拢得非常有条理性和系统性。翻开官方史册，历朝历代都特地留有“女性板块”，密密麻麻地堆列着皇后、贵妃、嫔娥、公主、命妇等与帝王将相有关的女性；而在稗官野史和民间文艺里，留取艳名的又以妓女居多。于是，这本书的选材，便不可免俗地罗列出这样一大堆人物。更难堪的是，中国没有“骑士”传统（项羽只算个例外），所以“中国式的英雄”又集中体现在政治角逐中的那些帝王将相级人物。于是，我们的美人故事，也总是缺少些“浪漫”的因素和“动人”的成分，倒是多了几许沉重的尴尬和变味的风流。

中国有两句老话。一句是“红颜薄命”。这是缘于在史册上，她们多是端着架子、撑着面子、使着心眼子，没皮没脸、没滋没味地扮演着“政治筹码”、“权谋利器”或“国家交易”的角色。而另一句“红颜祸水”，则是因为在文人的“曲笔”或民间的演绎中，她们还要莫名其妙地背负一些“祸国殃民”的罪名和骂名。从这个意义上讲，尼采所言，还有几份“绅士”

的味道。他眼里那些被英雄消遣的“女性”，便是逢场作戏，也能收获几份甜言、一些蜜语，甚至还有一段佳话和风流。可我们的“绝代佳人”，总是无心或有意，被搅在政治的烂泥塘里，不得轻松，也不得安宁，不是琢磨怎么要别人的命，就是莫名其妙被别人断了命。

于是，历代文人便有充足的论据和理由，把这些“流芳百世”的女性，或架在道德的祭坛上，顶礼膜拜，或是夹在文人的口舌中，恣意唾骂。总而言之，我很不喜欢这些被政治异化的女性形象，更不喜欢那些张扬了几千年的陈腐论调。

古代的人，有着严格的道德标准，官方编《烈女经》，民间讲“狐狸精”，就是树立一些极致的“样板工程”，让中国的女性“严肃”起来，“正经”起来，中国的历史也因此变得沉闷而无趣。

所以，我决定写点不一样的东西出来。

2

19世纪丹麦哲学家克尔恺郭尔曾经感慨地说道：“做女人是多么不幸啊！然而，当一个人身为女人时，其不幸还在于她实际上并没有认识到这就是一种不幸。”在中国几千年厚厚的历史典籍中，关于女性的弱者形象和悲剧故事一点也不稀缺。身为那些时代“成功男人”的附属物或战利品，她们能不能认识到自己不幸这一点，不得而知。而她们是否真正快乐，男人好像也从不关心。或如被迫到吴国当“女间谍”的西施，或如无奈在男人间频施“美人计”的貂蝉，或如奉献大漠的“和亲使者”昭君等，抛开“大义”不谈，谁会在乎她们的内心感受和幸福快乐呢？

当然，也有例外。譬如那个把周幽王迷得五迷三道的褒姒，或者那个和唐玄宗爱得死去活来的杨贵妃。她们肯定都不会赞同克尔恺郭尔这个观点。因为她们正是把女性的“优势”发挥到淋漓尽致，才被“宠幸”得一塌糊涂。可悲的是，正是因为她们太过幸运，反而导致国家的大不幸。一个是拿军国大事当儿戏，烽火戏诸侯，终于在笑声中葬掉一个国家；一个是千娇百媚，搞得“从此君王不早朝”，并惹来了一场“安史之乱”。对此，我不是要强调“红颜祸水”的陈旧论调，只是感叹她们最终的结局又呈悖论式地验证了克尔恺郭尔那句感慨。

对于中国历史而言，几千年的时光太久，朝代更替也太过频繁。于是，便容得各式各样的女性从容登场，喜剧、悲剧、闹剧……轮番上演。那些夹在史册里的女性，也并非一味“不幸”。只要有机会，那些“不让须眉”的“巾帼英雄”便会努力摆脱女性角色的束缚，从而做出一些惊天动地的大事来。僵化的传统、无情的政治、枯燥的历史，也因此多了些淡雅的粉香、温润的亮色以及多彩的热闹。或如那个带兵替夫君打江山的妇好，或如帮子孙守江山的孝庄，或如干脆自己坐江山的武则天……纵是历史长河的一朵细小浪花，纵是文化长空的一颗流星，也足以惊艳史册，并让我们感叹千年。从这个角度讲，她们真可谓那个时代“女权主义者”的杰出代表。

当然，还有如陈圆圆、赛金花、小凤仙等在乱世中被当作“道义靶子”、“救国娘娘”的寂寞女子。纵是风光无比，可命运的幸或不幸都已经由不得她们来声讨或辩解了。她们早被抽象成一个符号、一种象征，大概除却名字外，她们的其他部分都任由别人去演绎和加工了。“弱女子”也好，“恶妇人”也罢，历史好像只给我们留下文人得意的口水，而关于真实的她们，反倒是愈来愈模糊，愈来愈说不清楚。

对此，我们不能以学究的姿态将女性脸谱化，也不能以“愤青”的名义把历史绝对化。同时，我也不愿意去猎奇而“娱乐”大众，更不愿意去胡说而“愚弄”读者。我渴望用理性的眼光，在漫长的历史长卷中细心摘选一部分有代表性的女性，综合各类史料和考证，包括新的考古发现和研究，尽我所能，重新梳理那些风干的历史，还原这些被异化的女性。我想，至少可以帮助读者揭去几层历史的面纱，更亲近地阅看那些活在我们历史和文化中的可爱、可敬、可怜、可悲的传统女性。

除此之外，我也试图提供一些关于我个人的分析和思考。其心理动机，可以用法国作家西蒙娜·德·波伏娃在《第二性》中的一段话表述。她写道：“这不是一个消除表现在女人身上的人的境遇的偶然性和悲惨性的问题，而是一个给她以超越它们的手段的问题。女人绝不是神秘命运的牺牲品；那些把她特别认定为女人的特质，其重要性来自置于它们的含义。将来若是用新的角度去对待它们，它们就可能被克服掉。”

引用这么一大段话，说明我很赞同她的观点，并可以坦然地承认：我虽不是女性，可也愿意做一名准女权主义者。

以这样的身份和角度为古代女性“翻案”，也算是我写本书的初衷。

3

最后声明一点，我并不愿意做“卫道士”，所以不敢说要“以正视听”；也不想当“先锋派”，因此也不必去“标新立异”。我只是期望给读者提供一个从容的历史视角，一种“温馨”的人文解读。

无论如何，几千年的文明，不能让我们只爱扯谈，不爱思索；几千年的悲哀，也不能让我们只长脾气，不长见识。

段战江

2007年1月30日于北京

娥皇、女英

——佳话背后的传奇

汉刘向《列女传》云：『有虞二妃，帝尧二女也，长娥皇，次女英。』《山海经》载：『洞庭之中，帝二女居之，是常游于江渊，出入必以飘风暴雨。』晋张华《博物志·史补》云：『舜崩，二妃啼，以涕挥竹，竹尽斑。』今江南有『斑竹』、『湘妃竹』之说，盖出于此也。

巧妙化解家庭危机

娥皇、女英是远古时期尧的闺女、舜的媳妇。当初，帝尧为了选好接班人，便派了两个宝贝女儿嫁给舜，到他身边做“卧底”，以考验国家候选领导人舜的德行品质。

舜的家庭关系比较复杂。他的老爹瞽叟是个瞎子，人也糊涂，耳根子还软，特怕老婆。舜的亲娘死得早，老爹瞽叟给他娶了一个后妈，生了两个同父异母的孩子，弟弟叫象，妹妹名敤手（民间传说手特别巧）。可想而知，在这样的家庭里，做个好儿媳是很有挑战性的工作。好在这两位美人很是贤惠，从来不因出身高贵而使性子、添乱子，对舜一家子老小一直侍候得很周到。因此，《史记》里夸她俩“甚有妇道”。

遗憾的是，舜的后妈是个小心眼，事事容不得舜，而且总想把他害死，好把家产全夺过来给她的亲儿子象。有一年，因为舜的政绩突出，帝尧很高兴，便赐给自己的女婿一些奖赏。其中有絺衣（细葛布衣）和一把琴，另外还帮他建了个仓廪，给了些牛羊。就是这些看似普通的礼物，竟让后妈动了杀心，更要命的是，舜昏聩的老爹不知被什么糊涂油蒙了心，竟然积极地参与了“家庭阴谋”的活动。作为儿媳，娥皇、女英虽是看在眼里，可只能急在心上。因为如果她俩给夫君打“小报告”，吹“枕边风”，便有破坏“和谐家庭”之嫌。再者，身为未来的 “第一夫人”，她们的一举一动，都事关“母仪天下”的示范教化意义。因此，她们对于“第一家庭”的内部矛盾，采取了小心谨慎的处理办法，只能暗地里多加防备，以保护她们的丈夫。

一次，瞽叟要舜上房顶涂廪（用泥土修补谷仓）。在干活

张渥（元）《九歌图》

《九歌图》卷共十一段，每段一图，画屈原像及楚辞《九歌》中的十章内容，此段为其中的《湘夫人》。

之前，舜先“请示”两位夫人，夫人说那就去吧，不过一定要带上两个斗笠。舜很听老婆的话，便乖乖带着两顶斗笠，爬上房顶干活。他刚上去，瞽叟和象就立马抽走梯子，放火焚烧。这时，两个斗笠就派上了用场，舜一手拿着一个，像长了翅膀一样从房上跳下来，毫发未损。

又有一次，瞽叟叫舜去挖井，等舜刚下到深处时，他的老爹和兄弟就急急忙忙地取土填井，想把他给活埋了。幸运的是，舜的两位夫人早被公公、婆婆、小叔子一大家子层出不穷的“阳谋”、“阴谋”修炼出极高的警惕性，提前让舜在水井的侧壁凿出一条暗道，这才捡了一条命。

从以上种种事件分析，包括史书上说“父顽母嚚”的旁证，舜的父亲可能是个脑子有问题的“白痴”，要不，就无法理解他为何要杀自己的儿子，还这样乐此不疲。从常理判断，也只有这种可能，舜才会对夫人的话言听计从，他和他的两位夫人也才能这般忍让和大度。

按照合理的猜测，一系列的阴谋事件可能都是贪婪的象一手策划的。这从后来他和父母准备瓜分舜的财产时的对话可以看出。当时，填完井后，象以为舜必死无疑，就立马邀功，说：

"这主意可是我出的。"然后很慷慨地说道："舜的两位老婆还有尧赐给他的琴归我，牛羊和谷仓就归父母吧。"

当象迫不及待地跑到舜的屋子里玩弄舜的琴时，舜从外面走了进来。象很惊愕，也很尴尬，马上摆出一副闷闷不乐的样子，脸也不红地说道："我正想念你呢，想得我好心闷啊！"舜说："是啊，你可真够兄弟呀！"史书上说，经历过这些"家庭暴力"的洗礼，舜依然宅心仁厚，还如从前一样侍奉父母，友爱兄弟，而且更加恭谨。

这一切，都说明舜是很明事理的人，而他的两位夫人，能把这样一本难念的"家经"念得如此顺溜，可见多会把握分寸、多么聪明贤惠呀。她俩用智慧和宽容，不但极大地成全了舜的名声，而且巧妙地化解了家庭危机。难怪后世在《列女传》里将两位列入"母仪传"第一，称"二妃德纯而行笃"，甚至搬出《诗经》里"不显惟德，百辟其刑之"这样重量级的话，大大予以赞赏。

历史的另一种回响

关于五帝的故事，司马迁主要是以孔子修订的《春秋》为基础的。而《春秋》是鲁国的史书，本是"一家之言"，再加上孔子的善意"篡改"，可能与史实有些差距甚至大相径庭了。在西晋初年出土后被称为"汲冢古书"的《竹书纪年》中，便是另一种说法了。关于尧、舜之间的故事，《竹书纪年》里这样写道："昔尧德衰，为舜所囚也。"

这句话就让后世一直津津乐道的"禅让"神话一下子失去了光环。我们虽不能断定《竹书纪年》就是信史，可这样的说法真是耐人寻味。试想，自黄帝六世而至尧，全是世袭，为什么单单到了尧时，突然要改变祖宗的规矩呢？

即使依照《史记·五帝本纪》的记载分析，当时部落政治中，传子的冲动也是十分强烈的。譬如舜在位时，虽然名义上选择了禹为继承人，可同时也给予他和女英生的儿子商均很大权力。史书上载：“三年丧毕，禹辞辟舜之子商均于阳城。天下诸侯皆去商均而朝禹。”可见只是政治角力时，商均输给大禹罢了。而大禹后来交权时，名义上传益，但也和舜一样，暗地里帮儿子充实力量。只是这一次，禹的儿子启比较厉害，根据《竹书纪年》的记载：“益干启位，启杀之。”由此看来，即使当时有推举“法定接班人”的可能，也不能忽略家族势力的存在和咄咄逼人。

反观舜的时代，从他的父母、兄弟的种种行为看来，世道风气已经非常“败坏”，私心甚重，尧所宣称“终不以天下之病而利一人”的时代早已远去，舜的种种德行表现，更可能只是一种政治秀罢了。史书上讲：“尧立七十年而得舜，二十年而老，令舜摄行天子之政。”看来，是舜等的时间太长有些不耐烦了，所以他才发动政变，“因尧于平阳，取之帝位”，同时，“复偃塞丹朱，使不与父相见也”，以绝后患。

而在整个夺权的过程中，娥皇、女英所处的位置非常尴尬。一边是自己的父亲，一边是自己的夫君，究竟该站在哪一边呢？经过激烈的思想斗争，她们最终决定“胳膊肘往外拐”，站到舜的一边。这也怨不得她们，因为尧有一大群女人，生了一大堆孩子，可独爱长子丹朱。因此丹朱在十个孩子中地位最高，成为尧内定的继承人。而其他孩子，包括娥皇、女英，则是庶出。再想想，当年他们的爹尧，也是用非常手段从他大哥挚的手里夺得首领地位，那么，他们为什么就不能呢？何况尧已经坐了七八十年的王位，年老德衰，也早该退位了。于是，舜在娥皇、女英的支持下，发动政变，顺理成章地登上了帝位。舜毕竟是宅心仁厚的人，他也就是把他的老丈人和大舅子囚禁起来，并未杀死。这样，也方便做些政治宣传，冠以“禅让”的美名。

自然，还是有人看得明白。譬如《韩非子·说疑》里就说：“舜逼尧，禹逼舜。”可见，当时对于这些事大家还是有所公断的。可再往后，特别是孔子修订《春秋》以后，尧夺兄位、舜夺丈人位，包括后来禹逼舜让位等，都被孔夫子善意地美化，反而成为无法效仿的美德典范，让后世感叹了几千年。

娥皇、女英的最后结局

权力与亲情，阴谋与爱情，交织演绎着一场惊心动魄的政治博弈。最终，尧赔了闺女又丢了王位，而舜则志得意满，隐忍几十年的辛苦终换来大好江山。只是，他也无法逃避政治斗争的怪圈，数十年后，历史再一次上演，与舜有杀父之仇的禹篡位成功，并将舜流放到极南的苍梧之野（广西），舜最终孤寂地死去，下葬在今湖南的九嶷山上。

《礼记》云：“舜葬苍梧，二妃不从。”你看，死了都无法和心爱的人同葬，真是可怜。不过，按刘向在《列女传》里的说法，倒是值得欣慰，说：“舜陟方，死于苍梧，二妃死于江、湘之闲，俗谓之湘君、湘夫人也。”也就是说，娥皇、女英听到舜的死讯后，一路哭着寻来，但到了洞庭山附近，已经无力再行，只好天天扶竹向九嶷山方向泣望，把那里的竹子都染得泪迹斑斑。晋张华《博物志》也有这样的记载：“舜崩，二妃啼，以涕挥竹，竹尽斑。”如此情深意重，也不枉夫妻一场，舜若有灵，也会感到欣慰吧。

《山海经》里还记载：“洞庭之中，帝二女居之，是常游于江渊，出入必以飘风暴雨。”看来，湘君、湘夫人是有诸多委屈、太多相思要诉说。1000多年后，一位叫屈原的文人，高冠博带，行走江畔，感慨万千，作《九歌》，其中有祭祀湘君和湘夫人的乐辞。今日读来，依然有“时不可兮再得，聊逍遥兮容与”的无尽怅然。

文徵明（明）《湘君湘夫人图》

自孔子以来，儒家的思想便渐渐统治了史学界，虽本是出于善意，可也开了“文过饰非”的历史先河，“数达于德”的精神也逐渐变味成说假话的文化传统以及说大话的政治习性。

“尧禅舜继”的远古大同，可能只是儒家想象的产物。也许是对当时的现实太过绝望吧，他们才期望可以给后世一个美丽传说，用善良唤回一些文化的良知。那么，我们在尽可能寻找历史本真的同时，不妨就相信一次他们的“选择记忆”或者“假定美好”吧。

美人地理

娥英祠　在山东济南趵突泉的北岸，即泺源堂北面的明代建筑，是为祭祀舜之二妃娥皇、女英而建。据北魏郦道元《水经注》载：历城有泺水，“俗谓之娥姜水也，以泉源有舜妃娥英庙故也”。

舜帝陵　山西运城（古河东）二里故蒲坂城，舜所都也。城中有舜庙，城外有舜宅及二妃坛。

妇好

——文武双全的王后

妇好是商王武丁的妻子，她名好，『妇』为亲属称谓，铜器铭文中又称『后母辛』。出土的大量甲骨卜辞表明，妇好多次受命征战沙场，为商王朝拓展疆土立下汗马功劳。她还经常受命主持祭天、祭先祖、祭神泉等各类祭典，又任占卜之官。然而，妇好不幸早逝，武丁十分痛心，把她葬在自己的王宫旁边。

她是一位杰出的女将军

她是一位大人物。

在现存的甲骨文献中，她的名字频频出现，仅在安阳殷墟出土的1万余片甲骨中，提及她的就有200多次。她就是3000多年前商王武丁的王后妇好。

贵为王后的妇好，不爱“红装”爱“武装”，或者说爱“武装”更甚“红装”。在1976年发掘的妇好墓中，发现了精美的骨刻刀、铜镜、骨笄、玛瑙珠等许多女性专用的饰品，以及大石蝉、小石壶、石垒、石罐等供玩赏的“弄器”，这都说明她有女性娇美的一面。令人称奇的是，除却这些小玩意，陪葬品

妇好鸮尊

尊为古代盛酒器。鸮俗称猫头鹰，是古代人们喜爱和崇拜的神鸟。此鸮尊为商代鸟兽尊中的精品，1976年出土于河南安阳殷墟妇好墓。

里还有大量的兵器，特别是一件重达9公斤、饰有双虎噬人纹、铭刻“妇好”文的大铜钺，格外引人注目。后经专家考证，认为这是她生前使用过的武器。妇好能使用如此重的兵器，可见武艺超群，力大过人。更重要的是，钺在古代是军权和王权的象征。那么，我们可以断定，她在那个时代一定是个指挥千军万马的女将军。

其实，早在四五千年前的良渚文化时期的玉钺上，便有精雕细刻着彰露“有牙阴户”的女战神或大母神形象。这说明，在那个时代，母系社会的遗风犹存，女性带兵打仗也不算稀奇之事。不过，在男性已占主导地位的商代中后期，妇好还可以拥有钺这样的中国最高军事统帅的象征物，成为全国武装部队的统帅，就足以说明本领实在不一般。

老祖宗有句名言：“国之大事，在祀与戎。”也就是说，国家大事，除了祭祀与占卜之外，就是保卫边防、开拓疆土和掳掠奴隶的征战了。武丁是商朝历史上有名的一代雄主，他在位59年中，频繁出征作战，先后征服了西北、东南的周边部族，极大地扩充了王朝的版图，史称他统治的时期为“武丁中兴”。在这个过程中，妇好当然是一个举足轻重的人物。当时的文献里，对她参与的军事活动都有颇为详尽的记载。

譬如甲骨文中有一条卜辞写道：“贞，登妇好三千，登旅万乎伐羌。”意思是说，商王征发妇好所属的3000人马及其他士兵1万人，命他们去征伐商王朝的宿敌羌国。在那个时代，13000多人的队伍已经算是浩浩荡荡的大军了。这也是甲骨文中所记载的商朝历史上最大的一次战争。当时，久经沙场、战功累累的禽、羽等武丁爱将，都归妇好率领。那一仗打下来，羌人势力被大大削弱，商之西境得以安定。

那时，距都城安阳（今河南安阳小屯村）正北1000多里

妇好钺

外，还有一个强悍的游牧部族土方。他们经常肆意侵入商的边境，掳掠人口财物，是王朝多年的心头大患。于是，武丁命妇好率兵出战，只一仗，就打退了入侵之敌。妇好乘胜追击，彻底挫败了土方。从此土方再也不敢入侵，后来终被划入商的版图。

妇好最精彩的战役是和武丁一起征伐巴方的一战。战前妇好和夫君议定计谋，妇好在敌人西面埋伏军队，武丁则带领精锐部队在东面对巴方军队发起突然袭击。巴方军队在武丁军与妇好军的包围圈中顾此失彼，阵形大乱，终于被围歼，南境遂平定。这大概也是中国最早有文字记载的“伏击战”了。

她是一位重要的占卜官

妇好的重要性，除却王后和一流的军事将领的尊贵身份外，还体现在她拥有一个特殊的职位，那就是主持祭祀的占卜官。在她那个时代，人们迷信鬼神，崇尚天命，非常盛行祭祀占卜，特别是商王室和奴隶主统治阶级，几乎所有国家大事都要反复占卜、祈问鬼神。因此，祭祀是最重要的国事活动之一。而掌握这项最高神职权力的祭司，要具有广博的学识、崇高的地位，通过与鬼神沟通，成为国家重大国事的实际决策者。

按照商代礼俗，祭祀中奉献的祭祀品上应该出现供奉人的名字。而在妇好墓中发现的大量青铜礼器，包括首次发现的商朝巨型炊器，上面都刻有“妇好”的铭文，可见妇好生前受命主持祭祀的规模之大以及参与祭祀活动的次数之多。

甲骨文的记载再次印证了妇好是王室中一位学识超凡、地位至高的祭司。她祭祀王室中已经去世的祖母，也祭祀至高无上的天地；在祭祀中她会用酒，也会用火；她会屠杀牲畜，也会屠杀俘虏。根据卜辞推断，她曾因为国家发生了可怕的瘟疫，受国王之命举行了一次盛大的祭祀大典，其中包括杀人的血祭。还有一次，妇好祭祀的是一口神泉。其实，商朝祭祀的种类很多，祭天、祭泉水、祭祖先，还有为了去除疾病和灾祸，以及出征作战前的祭战等等。

在殷墟的考古发掘中，还发现了一些刻有“妇好”的龟甲。商朝人占卜，是取整治好的龟甲用火烧炙，使龟甲兽骨烧裂出焦纹。占卜人再根据焦纹的纹理判断凶吉，决定事情能不能做，并将占卜的结果和以后发生的情况刻写在同一块甲骨上。

占卜前很重要的准备工作就是整治龟甲兽骨。因为龟甲兽

妇好夔足铜鼎

骨不经整治是烧炙不出焦纹来的。所谓整治，就是将龟甲上残留的肉渣皮筋等除去洗净，待干燥后再用特制的青铜钻在上面钻出一定数目和一定间隔的小圆孔，以备占卜时用火柱烧炙，这样甲骨才会呈现出裂纹。当时能够胜任这项工作的只有卜官。卜官不仅要亲手整治龟甲兽骨，还要将此事记录成卜辞，刻写在经自己整治过的甲骨上，以示郑重。

她先在火上烧灼龟骨，骨片遇热，表面开始出现裂纹，发出轻微的卜卜声，妇好好像聆听到神明的回声，然后将它们记录在甲骨上。可见，妇好不但可以主持祭祀、诵读祭文，还可以刻写甲骨文字，具有相当高的文化水平，真是一位文武双全的女才人。

她有一位情深意重的好丈夫

史料记载，武丁的“诸妇”有60多位，但只有3人拥有王后的地位，而妇好则排在第一位。根据上面的表述，这样一位奇女子，得到武丁的宠爱，也自在情理之中。

卜辞中有这样的记载：“妇好其来；贞妇好不至；乎妇好往于果京。”从这些信息判断，妇好可能因为军功卓著、政绩突出，除却王后、统帅的身份外，还被授予独立的封邑，成为一方诸侯，拥有了自己的封地和属民。因此，妇好常常要回到王都觐见商王。而在自己的封地上，妇好独立地掌管着农事和经济，并按时向商王纳贡。在妇好墓中发现的上千斤重的精美青铜器、600余件玉器以及7000多枚海贝（商朝的货币），也都表明妇好拥有巨大的财富和权力。

遗憾的是，这位出类拔萃的女性却不幸英年早逝，据推测她死时仅30多岁。她的去世，令武丁非常伤心。卜辞中记载，在她生前武丁经常占卜，向上天祈告她的起居、健康、生育、征战等方面的情况，可见武丁对妇好用心之深。大概是相爱至深的缘故吧，武丁不但厚葬了自己心爱的妻子，还杀了16名奴隶为其殉葬；同时，破例将她下葬在自己的宫室旁边，以便随时能看到她、守护她。另外，他还在她的墓地上修建了一座享堂，卜辞称“母辛宗”，让后世永久地纪念。甲骨文显示，妇好去世后，武丁常常叫来卜者询问：

武丁：妇好有娶乎？贞人：唯祖甲娶。

武丁：妇好有娶乎？贞人：唯祖乙娶。

武丁：妇好有娶乎？贞人：唯成汤娶。

祖甲、祖乙、成汤是商朝的三位先王。这段话的意思不是说把妇好再嫁给三位先王。这里的“娶”字有迎、接之意，也就是说，武丁害怕妇好一人在下面孤独，便期望自己的祖先可以去迎接她，好好照顾她。

值得一提的是，妇好墓是目前考古界挖掘出的最完整的商朝墓葬，而这一点也要拜武丁所赐。正是他修建的享堂基址保护了妇好墓，使之完好无恙。因为历史上的盗墓人一旦挖到地基都不会再向下挖了。也就是说，正是武丁的深情使得妇好可以安睡千年，也正是他的真诚，才使我们可以通过完整的随葬品，解读这位传奇的女性，还有他们伟大的爱情。

美人地理

妇好墓　位于河南安阳小屯村西北约100米处，殷墟丙组基址西南，是殷墟发掘以来发现的唯一保存完整的商代王室成员墓葬。该墓南北长5.6米，东西宽4米，深7.5米。

妇好享堂（母辛宗）　妇好死后，国王武丁为祭祀妇好，在其墓地上所修建的宗庙建筑。妇好庙号“辛”，其墓上的享堂，卜辞称“母辛宗”。这座建筑就是对母辛宗遗迹的科学复原。

妲己

——千古第一恶女？

妲己，有苏氏的女儿。商纣王子辛的宠妃，有美色。纣王非常宠爱她，对她言听计从，荒理朝政，日夜宴游。后周武王乘机发动诸侯伐纣，经牧野之战，一举灭商，纣王逃到鹿台自焚，妲己也被武王所杀。

说来妲己真是冤枉。历代文人，仅凭臆断和想象，便一步步地坐实了妲己的罪孽，让她背负起千古第一恶女的骂名。

他们历来被认为是一对恶男女

中国历代的“红颜祸水”里，最恶毒的恐怕莫过于殷商时代纣王的宠妃妲己了。而且两个人犯起“混”来，简直算得上“夫唱妇随”，惊人地合拍。按《史记·殷本纪》里的说法，纣王已经可谓残暴，但若按民间《封神演义》里的演绎，那就简直是变态，有严重的“施虐狂”倾向。照《封神演义》的说法，妲己是千年狐精附体，受女娲之命来祸乱殷商的，纣王也因此才变得如此怪戾，做出那些残忍的事来。

当然，这是迷信的说法，不足为信。这位叫妲己的美女自然不是狐狸精变的。《晋语》记载：“殷辛伐有苏，有苏氏以妲己女焉。”这就是说妲己是纣王征战得胜的“战利品”。据说有苏氏是以九尾狐为图腾的部落，所以才会有《封神演义》这般附会。虽然妲己不是狐狸精变的，可照样把纣王迷得魂不守舍，唯“妲己之言是从”。

根据正史记载，纣王不但投妲己所好，作“新淫之声、北鄙之舞、靡靡之乐”，还搜括百姓钱财，修建起高大宏丽的鹿台，里面置满奇珍宝物。同时，“积糟为邱，流酒为池，悬肉为林，使人裸形相逐其闲”，彻夜长饮，欢嬉达旦，可谓荒淫之极。

最过分的是，他耳根子特别软，最听妲己的话，甚至到了“妲己之所誉贵之，妲己之所憎诛之”的地步。这样一来，天下就无法太平起来，老百姓埋怨，各诸侯反叛。这时，妲己又给

司母戊鼎是商代后期的铸品，原器1939年3月出土于河南安阳侯家庄武官村。此鼎形制雄伟，重达832.84公斤，高达133厘米，是迄今为止出土的最大最重的青铜器。

纣王出了一个“狠”招，发明了一种惩治犯人的刑法，曰“炮烙之法”。就是把一根粗大的铜柱横放，下面架起炭火炙烤，然后命“有罪者行其上”，没走几步，就纷纷掉进火红的炭火里，活活烧死。每次看到犯人在炭火里挣扎惨叫，妲己“乃笑”。如何笑，是大笑还是冷笑，就不得而知了。对于这种冷酷而变态的做法，纣王的叔叔比干实在看不下去，就向他进谏说：“不修先王之典法，而用妇言，祸至无日。”这话戳到纣王的痛处，他非常生气，觉得这是“妖言”惑众，给他难堪。这时，妲己又在一旁添油加醋，樱桃小口一开，吐出一句血淋淋的话来：“我听说圣人心有七窍……”纣王一听，爱妃有如此求知之心，那就打开看看吧。于是，“剖心而观之”。

史书记载，他还将九侯、鄂侯两位臣公一个剁成肉酱，另一个做成肉干；另一位臣公西伯昌（即周文王姬昌）本也要“炮烙”，但他很聪明，马上服软，并献给纣王“美女奇物善马”以及自己的洛西领地，纣王这才松口，把他放了。后来，有点头脑的大臣装疯的装疯，卖傻的卖傻，投敌的投敌，流放的流放。这样一来，自然民心背向、诸侯离心。很快，西伯昌的儿子周武王就起兵造反，将他打败。他不愿投降受辱，便穿上最漂亮的衣服，戴上最好的宝物，一把火把自己烧死了。而他的美人妲己，结果更惨，被砍头不算，砍下的头还被挂在小白旗上，给天下人看，要让天下的女子都引以为鉴。

他们真有这么坏吗?

无论正史典籍，还是稗官野史，都说妲己是一个蛇蝎美人。这样论调已经家喻户晓，深植人心。但问题是，历史的真实情况是这样吗？

先说纣王，历代史书已经把他符号化成一个暴君的形象了，可这个形象离他真实的情况还是有很大的距离。

早在春秋时期，子贡就有点看不过去，他愤愤为纣王鸣不平，说：“纣之不善，不如是之甚也！是以君子恶居下流，后世言恶则必稽焉。”

在春秋时期，关于纣王的罪状还只限于“比干谏而死”。到了战国，比干的死法就生动起来，屈原说他是被投水淹死，吕不韦的门客则说他是被剖心而死。到了汉朝司马迁写《史记》的时候，已经有了更生动的演绎，说是纣王剖开他的心是为了满足妲己的好奇心，想看看“圣人”的心是不是七窍。而到了晋朝，皇甫谧因为职业是医生的缘故，写些文史文章的时候，也不免会犯些“职业病”，又演绎出纣王在妲己的怂恿下解剖了怀孕的妇女，要看看胎儿形状。纣王纵是不好，也不至于如此之坏。后世书生们根据个人好恶，纷纷加工演绎，以讹传讹，其谬岂不大哉？

而关于纣王最著名的“酒池肉林”、“炮烙”的传说，周时的文献没有记载，春秋时也没有，可到了战国末期，韩非子突然很生动地描绘起来：“昔者纣为象箸而箕子怖，以为象箸必不加于土，必将犀玉之杯；象箸、玉杯必不羹菽藿，则必旄、象、豹胎；旄、象、豹胎必不衣短褐而食于茅屋之下，则锦衣九重，广室高台。居五年，纣为肉圃，设炮烙，登糟丘，临酒

象纹铙

象纹铙是商代后期的青铜铸品，通高70厘米，口宽46.2厘米，1959年出土于湖南宁乡老粮仓。

池，纣遂以亡。”据说韩非子口吃，可文章非常雄辩，这样充满想象力的文字便是明证。但那时“诸子百家”个个口才了得，为了推销个人的主张、论证自己的观点，不免只顾激扬文字，“强”词夺理了。很多论据，也多是“想当然耳”。便是“不虚美，不隐恶”的司马迁，有时也会润润笔。譬如他在韩非子“酒池肉林”的基础上，又加上“男女裸奔其间”的合理想象。当然，在他之前，已经有人在酒池面积上大做文章，说可以“回船糟丘而牛饮者三千余人为辈”，这样的想象力只能用“疯狂”来形容。

也许，在他们看来，反正纣王不是个好鸟，形容得再淫荡、再荒唐也无妨。历史的另一个目的便是警示后人嘛，于是，他们的想象和润色，便常常显得坦然而大方。譬如司马迁之后的史学大家刘向，就把纣王鹿台的面积升级为“大三里，高千尺”，而晋朝的皇甫谧觉得还不过瘾，一咬牙，把鹿台的建筑高度提高了十倍，达到“高千丈”的地步。

同时，妲己的妖孽和毒辣形象也逐步升级。从《尚书》里讨伐纣王的一句“听信妇言”开始，到《国语》里的“妲己有宠，于是乎与胶鬲比而亡殷”，再到《吕氏春秋》里的“商王大乱，沈于酒德，妲己为政，赏罚无方”都还是不太离谱的合理推断。再到后来，年代愈久，想象力就愈丰富，写出来的史料也就愈生动，直到后世的《封神演义》，因为没有史家的顾虑，加上历代文人提供的诸多素材，演绎起来更是神乎其神。千古恶女的罪名，也终非她莫属。

对此，不禁要扪心自问：那些关于妲己近乎变态的行为，虽是后世杜撰，可我们为什么一直津津乐道，而且好像还很乐意把这些脏水泼在一个女人身上？

纣王也是一个悲剧人物

那么，为什么纣王会被描述得如此不堪呢？

这不得不从纣王本人谈起。《史记·殷本纪》说他“资辨捷疾，闻见甚敏；材力过人，手格猛兽”，自然是个有勇有谋、文武双全的大丈夫。只可惜，也正因为具备这些过人的才能，他便骄傲自大，听不进别人意见，有着“矜人臣以能，高天下以声”的坏毛病，“以为皆出己之下”。

同时，他还有“好酒淫乐，嬖于妇人”的毛病。身为一个君王、一个英雄、一个男人，这些毛病也不算太大的毛病，绝非后人夸张得那么荒淫无耻。商朝人好酒，喜欢以酒佐餐、聚众豪饮，这是那个朝代一贯的风气。从出土器物来看，商朝后期的饮酒器具明显激增，这表示社会饮酒之风蔚然。也就是说这可能是个严重的社会问题，但也不足以亡国。

如果说他的时代刑罚过重，也欠客观和公正。每个时代都有自己的文化特征，我们总不能要求他文明执法，用电椅或静脉注射吧？在此，不妨以事实说明。《尚书·大禹谟》里载，夏朝已有“五刑”制度和“夏台”监狱。除了砍头外，那时还有烹煮、醢刑（把人剁成肉酱）、车裂、腰斩、绞杀、烧死、弃市、灭族等各类残酷的刑罚。也就是说，这些刑罚并不是商纣王独创发明的。该不该对他的政敌或罪犯处以这样的刑罚，那就是司法制度的问题了。

再举个例子，有助于我们了解当时的刑罚。《韩非子》记载：“殷之法，弃灰于公道者断其手。”这是轻罪重判，当时子贡以为罪轻而罚太重，便去问孔子。孔子却认为制定此种刑罚的人是了解治国道理的。因为如果扬灰时恰遇过路人，使其满面蒙尘，那此人必定发怒，怒就会斗殴，因殴斗罪，按当时法律要灭三族。所以，弃灰于道看来过错轻，实则重，这样的重刑很有道理。因此，《尚书·康诰》才会赞曰“殷罚有伦”。这就说明，商朝的刑罚看似野蛮，但有合理之处，符合当时的社会背景。

纣王像

也就是说，他绝不是无道之君，可他为什么还是失败呢？根据史料分析，除却诸多不确定因素外，最大的可能就是周武王发动的政变成功有很大的偶然性和投机性。当初纣王杀比干、囚箕子，可能只是政见不同罢了，但对微子（他的亲哥哥）却没有防备。后来微子竟背叛了他的兄弟和国家，引狼入室，难怪毛泽东都骂他是个汉（商）奸，感叹“微子最坏！”

实事求是地讲，纣王是一个很有作为的君主。当时商朝拥有一支强大的军队，他的军队都装备着先进的青铜兵器和盔甲，而且他的作战部队中还有“象队”这样的特种部队。古书上就有“商人服象为虐于东夷”的记载。因此，他的部队所向披靡，可谓战无不胜，攻无不克。当时，他有两个主要的对手，一个是西部的周方国，另一个就是东部的夷人部族。纣王曾在山西黎城与文王恶战一场，把文王打得大败（文王被俘、囚于羑里很可能就发生在这场战争中），若不是来自东夷的军师姜子牙在商王国东部策反东夷作乱，恐怕姬昌早被纣王处死，而不是像史书上所说的那样被释放回家。

稍作休整，纣王立马发兵东夷，计划一劳永逸地除掉东部威胁，永绝后患。凭着优势兵力，商军如秋风扫落叶一般，一直打到长江下游，降服了大多数东夷部落，俘虏了成千上万的东夷人，取得大胜。从《左传》记载的时间看，他很可能是在这次征伐东夷的战争中，路过有苏氏部落掳获了妲己。

但是这场旷日持久的征战也几乎拖垮了商王朝。卜辞记载商征人方往返一次需要200天左右的时间，这是一件非常劳民伤财的事。安阳殷墟出土了一块刻有“人方伯”字样的人头骨，显然是商军杀死了人方的君长并带回其头骨作为战利品。虽然商最终战胜了人方，但商的国力也因此而大大消耗，因此《左传》评曰：“纣克东夷而损其身。”

缓过神来的周武王根据纣王亲哥哥微子的告密，得知纣王大军尽出，都城内防御力甚弱，遂发兵奇袭商纣，在牧野展开决战。而当时商王的精锐之师远征东南，不可能及时赶回，因此，只好将70万东夷战俘及奴隶临时武装起来应战。牧野之战打得异常惨烈，正如《尚书》上所描述的那样，“流血漂杵，赤地千里”，绝非后世史书上所说的什么奴隶临阵倒戈，周武王兵不血刃赢得胜利。

纣王不肯投降，他选择有尊严地死去，所以自杀了。后来，商朝的遗民很不服气，在纣王的儿子武庚的带领下起来造反。周人用了3年的时间，才把这场暴乱镇压下去，由此可见商朝遗民的团结与纣王的威望。对于纣王的死，孔子有一句发人深省的评价：“不闻王死，只闻一莽夫死矣！”大概也是感叹他太过尚武，忽略以德服人的重要性了吧。对此，仁者见仁，智者见智，不好评判。但有一点很明确，那就是不能总“以成败论英雄”。最最不能的，就是把无辜的女人也扯进来，恣意涂抹，胡乱辱骂。

历史，终不是任人打扮的小姑娘；女人，也不是随意摆弄的塑料花。

给妲己翻案，也是给历史上所有曾是男人附属品的女人翻案。关于她的史料有限，年代又太过久远，所以讲她的历史，也就只能讲她如何被描黑的历史。讲她的失败，也只能讨论她依附的男人怎样失败。古代的女人，只是男人的陪衬罢了。成功了，享受荣华富贵，失败了，不但要搭上性命，甚至还要背负许多历史的骂名。那么，这是谁的悲哀？

美人地理

纣王墓和妲己墓　　位于河南省淇县城东7.5公里的淇河西岸。

褒姒

——用笑声葬掉一个国家

褒姒，周幽王的宠妃，生卒年不详。褒人所献，姓姒，故称为褒姒。褒姒生性不爱笑，幽王为取悦褒姒，举烽火召集诸侯，诸侯匆忙赶至，却发觉并非寇匪侵犯，只好狼狈退走。后来，申后之父联络鄫侯及犬戎入寇，周幽王举烽火示警，诸侯以为又是骗局而不愿前往，致使幽王被犬戎所弑，褒姒亦被劫掳。

《诗经》云："赫赫宗周，褒姒灭之。"他们说正是她轻轻一笑，便让一个帝国灰飞烟灭，她真有这样的本事么？

她的身世——一个近乎荒诞的故事

褒姒，姓姒，古褒国人。褒国立国之地就在今汉中平川中部、留坝县以南地区，因此她算是一个陕西人。褒国"礼妇人称国及姓"，所以她就被叫做褒姒了。

关于她的身世，史书上一本正经地记载着一个近乎荒诞的故事。

西周何尊

西周何尊，1963年在陕西宝鸡贾村出土。何尊的最高价值在于尊内铸有122字的铭文。

在《国语·郑语》和《史记·周本纪》里，都有相关的记载。大致意思是讲，夏朝末年，褒人的神灵“化为二龙，以同于王庭”。也就是说，有两条龙在夏王大庭性交，此二龙是褒神变化而来，自称是褒人先君。夏王对此深感恐惧，便占卜问神灵，是杀掉呢？是赶跑呢？还是制止它们的性交活动呢？贞问结果是“莫吉”。于是夏王又改卜请示说，那能不能把龙漦(注：“龙所吐沫，龙之精气也”）收藏呢？神觉得这个主意不错，便告曰“吉”。于是夏王拿来上好玉帛，用简策给神灵打个报告。二龙显完灵后，立马消失了，只剩下一摊黏糊糊的龙漦。夏王命人把这“宝物”恭恭敬敬地藏在椟匣里，好好保护。自夏末至西周三代，王室均以郊礼祭之。这件宝物一直传到周厉王末年，厉王禁不住好奇，便打开观看，可一不小心，把龙漦洒流于王庭，还无法清除。周厉王很是慌张，便决定用巫术除之，他让宫女裸着身子大声喧哗，迫使龙精化为玄鼋。后来，这只黑色的大鳖爬到王府里去了，恰巧被一个七岁的小姑娘碰上。周宣王年间，这个小姑娘在“及笄”之年（15岁）竟然“不夫而育”，生下一个女婴。这个女婴长大后便是褒姒。

因为她出生得莫名其妙，所以宫女很害怕，便“惧而弃之”。这时恰被一对以卖桑弓弧、箕箭服为生的夫妇发现，看她可怜，便将其抱养，并逃到褒国。那么，他们为什么要逃跑呢？因为在宣王时期，民间留传着一个童谣：“檿弧箕服，实亡周国。”宣王听了很不高兴，恰好发现这对夫妇正在卖这些玩意儿，便派兵去抓他们，然后杀掉。也就是说，这对夫妇是在逃跑途中捡到这个“同病相怜”的小姑娘的。而厉王不知道，正是他的所作所为，明违神旨，却暗合“天道”，终埋下祸根。赫赫宗周，终灭在“檿弧箕服”养女的笑声里。

烽火戏诸侯——天大的玩笑

这个被命运之神派到人间执行特别任务的女婴，自然备受上天的恩宠。等她长大后，已经出落得非常美艳。恰在这时，不知褒国的国王由于什么原因得罪了周幽王，为求得赦免，便将她献给了周幽王。

周幽王三年（前779年），褒国将其献给幽王。她的美貌令周幽王“见而爱之”，可谓一见钟情。周幽王对她非常宠爱，加上她的肚子也很争气，为周幽王生了一个叫伯服的小王子，更是娇宠得不得了。褒姒的手段可谓高明，最后竟然说动幽王废去申后及太子宜臼。幽王七年（前775年），她终于被光明正大地扶正，做了王后，而她的儿子伯服也理所当然地成为太子。在那个时代，上自君王，下至百姓，都信天命，那句有谶语性质的童谣举国上下都知道，而褒姒的身世也不是个秘密，可天命不可抗，君王又如此昏庸，这也是没有办法的事情。对此，周朝的太史伯阳只能幽然叹曰：“祸成矣，无可奈何！”

《琱玉集》说褒姒性不喜笑，但“其一笑有百二十种媚”。因此，幽王为了博得她一笑，曾以“千金”之财征集能让美人欢笑的“金点子”（这便是“千金难买一笑”典故的由来），但耗去许多钱财，试了很多办法，或召乐工鸣钟击鼓、品竹弹丝，或命宫人歌舞进临，或命司库每日进彩绢百匹、撕帛以取悦褒姒，可她就是不笑。后来，朝中有个“为人佞巧，善谀好利”的大奸臣虢石父，出了个馊主意，这便是有名的“烽火戏诸侯”。

这个周幽王“爱美人”竟能爱到将“丢江山”视之儿戏，也可谓昏庸得没边没沿，荒淫得登峰造极。在周幽王时代，都城外每五里便置有一烽火墩，如有敌寇来侵则举烽火为号，召集天下诸侯派兵勤王。这本是军国大事，一点玩笑都开不得，可周幽王却有这样的“胆识和魄力”。他真敢。

且说一日，周幽王与褒姒驾幸骊山，先在骊宫的城头摆下夜宴，然后命令城下点燃烽火台。刹那间，狼烟四起，火焰直冲霄汉，一路烽火随之点燃，夜色中星星点点，逶迤千里，煞是壮观。各诸侯一看烽烟警报，以为敌军来侵，急忙调兵遣将，驱动战车，连夜赶来。很快，列国诸侯皆领兵至城下，却不见敌寇踪影，只见周幽王与褒妃在城上饮酒作乐。这时，城下旌旗林立、战马嘶鸣，各路军马举着火炬，漫山遍野地跑，打探消息，休

陈字（清）《仕女图》

此幅为《竹荫铅椠》，表现贵族妇女闲适安逸的生活。

整人马，一时乱成一团。诸侯们个个顶盔冠甲，全副武装，来了却发现上了大当，不禁面面相觑，又是愤怒又是尴尬。这样大场面的混乱，这样天大的玩笑，终于使褒姒大笑起来。

拿军国大事开玩笑，自然要付出沉重的代价。后来，周幽王又玩了几次这样的游戏，使得诸侯们再也不相信他。等到西夷犬戎叛乱，真的兵临城下，这时幽王燃起烽火想搬救兵，各路诸侯以为他又想博取美人一笑，所以都不当回事。于是，镐京很快就被攻陷，周王室的财宝被掠抢一空，周幽王和太子伯服也被乱兵所杀，而他心爱的褒姒则被胡人虏去，不知所终。

《诗经》里叹曰："赫赫宗周，褒姒灭之"，这实在高估了褒姒的本事和力量。她的身世纵是神奇，也只是传说罢了。敢拿军国大事开玩笑，博美人一笑，岂不是滑天下之大稽吗？难怪褒姒大笑，她是在嘲笑，是在讥笑，是在冷笑这个国君的愚蠢和荒诞罢了。不怪美人，那能怪老天爷吗？屈原在《天问》里发出"周幽谁诛，焉得褒姒？"的疑问，恐怕是最好的答案吧。

西施

——换取江山的筹码

西施，名夷光，浙江诸暨苎萝村人。时越国称臣于吴国，越王勾践卧薪尝胆，谋复国。西施因天生丽质，和郑旦一起被越王勾践献给吴王夫差，成为吴王最宠爱的妃子。西施以身报国，用美色作武器，把吴王迷得无心国事，众叛亲离，后吴国终被勾践所灭。传说吴灭后，西施与范蠡泛舟五湖，不知所终。

这位美人的使命非常简单，那就是搞垮一个君王，搞乱一个国家。不幸的是，她以“报国”的名义“献身”，爱一个她不爱的人，以此实现另一个君王的野心和梦想。幸运的是，她还有一个爱她的人，并终有一个好的结局和归宿。

浣纱姑娘心口疼

李白《西施》诗云：“西施越溪女，出自苎萝山。”很明白地交代了这位美女的出身和籍贯。也就是说，西施当初只是越地苎萝山下溪边的一个村姑罢了。

然而，这个村姑可不一般，简直就是“天上掉下来”的仙女，长得是“秀色掩今古，荷花羞玉颜”。既然能令水里的荷花都羞叹不堪、自叹不如，那真可谓名副其实的绝色美人了。李白不愧是美色鉴赏专家，也真是文字高手，让西施的美与荷花争辉，远比民间传说中的“沉鱼落雁”更有想象力和美学质感。试想，把美人比作花儿，自然让人浮想联翩，但若联想到滑溜溜、冷冰冰、鼓着鳃、瞪着眼还长着胡须的鱼儿，无论如何也无法与美联系起来，让人雅兴顿失。纵是美人鱼，估计也好不到哪里去。换言之，鱼有鱼之乐，人有人之美，各有各的世界。正如我们只在乎鱼肥不肥一样，人家也不见得会嫉妒人的美。那么，鱼儿为什么见她会沉入水底？其实这有一个很简单的答案，那就是她要“浣纱弄碧水，自与清波”。想想看，这位美丽的村姑站在溪水里欢快地劳作，赤着红萝卜的胳膊，白萝卜的腿，把水溅得哗哗响，搅了鱼儿的清闲，它们能不怕、不躲吗？

当然，不管是“羞花”也好，“沉鱼”也罢，西施的美色可是“天生丽质难自弃，养在深山有人知”呀。千年之后的苏

位于诸暨市的西施故里

东坡变着法夸她。东坡先生的诗是这样的："欲把西湖比西子，淡妆浓抹总相宜。"看上去是夸赞西湖之美，实则也是在夸西施的天然、朴素之美。

李太白还在诗中写道："皓齿信难开，沉吟碧云间。"这就是说西施是个不苟言笑的冷美人。颦眉皱目不假，但沉吟不乐就是文学家善良的想象了。一个僻陋乡野的小村姑，岂懂得"忧愤于越国的兵败"这样的大道理？后来勾践要将她献于吴王时，也"恐女朴鄙"，还要习教"三年学服"呢。因此，西施难得露齿一笑，最靠谱的说法便是她患有心口疼的毛病。《庄子·天运》载："西施病心而颦其里，其里之丑人见而美之，归亦捧心而颦其里，其里之富人见之，坚闭门而不出；贫人见之，挈妻子而去之走。"这个美人不但为我们留下"病西施"的美学样板，还给我们留下一个"东施效颦"的笑话和反面教材。

从此以后，传统的美人儿都爱装作病恹恹的样子，流流泪、皱皱眉，严重的还要咳咳血，以求得怜爱。而今人好像没有古人那样明辨是非，不懂得关门拒看或远离非视，因此东施效颦者依然大有人在。

最出色的“国际”间谍

西施本可以在她的小山村继续浣她的纱，颦她的眉，过她自己快乐而朴素的生活。可历史老人却不同意，觉得这是暴殄天物，于是，先让勾践上演一出“卧薪尝胆”的好戏，然后匆匆将西施扯上了历史的舞台。

为了报仇雪耻，“长颈鸟喙”的越王勾践什么事都能做出来，包括尝粪便、杀功臣等，那么使用美人计、牺牲几个美人以达成政治目标，更不在话下。《吴越春秋》里说他共策划了“九术”去灭吴，其中一术便是抓住“吴王淫而好色，宰佞以曳心”的弱点，贿赂吴国宰相伯嚭，献美女给吴王夫差，使他“惑乱沉湎，不领政事”，从而放松对勾践的警惕，使越国赢得东山再起的机会。

当初，勾践在越国境内征求绝艳美人、寻得西施时，我并不以为西施是自愿的，真有“以身报国”的崇高境界。套用电影《无极》里的一句话，那就是“跟着你，有肉吃”，当然也有好衣服穿。一个小姑娘，能想到的大概也就是这些吧。

毕竟是大山里的姑娘，纵是有惊艳的国色天香，可在礼仪、歌舞、谈吐方面还有很大的欠缺。于是，勾践先近大道筑美人宫，然后“饰以罗縠，教以容步，习于土城，临于都巷”，经过“三年学服”的精心包装和“洗脑”，终于将一个率真朴实的乡下姑娘打造成一件复国报仇的美丽武器。西施学会了像夜莺一样歌唱、如燕子一般飞舞，懂得了撒娇、扮痴，还有察言观色的本领，甚至，她可能还掌握了通风报信、下毒刺杀的功夫。要知道，做一个高级的“国际间谍”，这都是必备的功课。

三年功成，越王勾践将这件完美的礼物送给吴王夫差。为了确保成功，跟西施同时派去的还有同乡的美人郑旦，以便相互协作，当然，也要互相监督。西施接受的训练非常有效，加上她天下无双的美丽和聪慧，果真是把夫差迷得神魂颠倒。馆娃宫里，抚琴台上幽唱，玩月池畔赏月，采

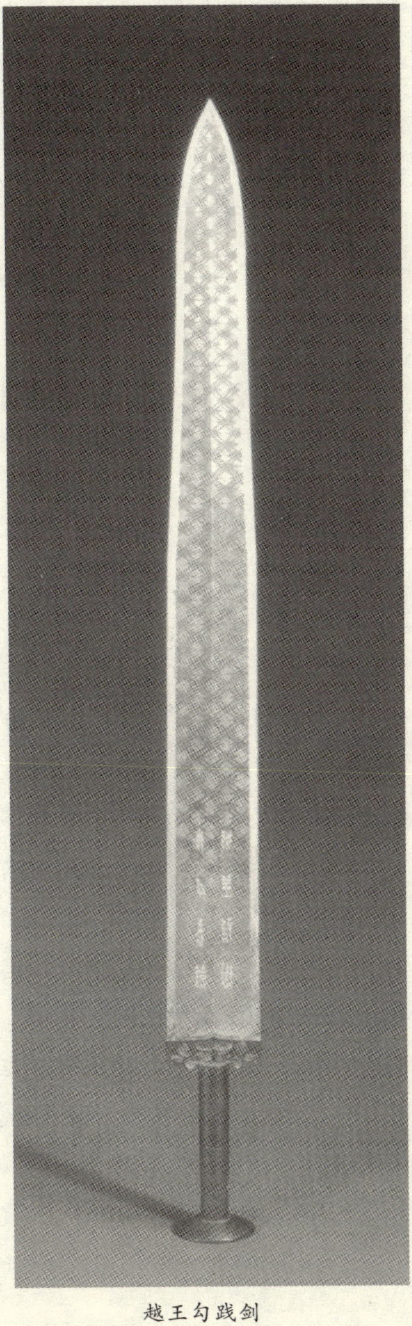

越王勾践剑

香径里打情，脂粉塘前骂俏，一代枭雄夫差，就这样被西施温柔地“阉”掉，不再有争夺诸侯霸主的野心，也渐渐失去了辨别是非的能力。西施用她高超的手腕和绝世的美色，糊弄夫差，离间吴国君臣关系，逼死伍子胥，把吴国搞得一团糟，终于实现了复国的梦想，同时也把吴国的大好江山夺走，献给她的另一个君王。

泛舟五湖的神仙伴侣

出色地完成了“卧底”任务后，这位浣纱美女便不知所终了。

有人说她投水自杀了。这种说法最早见于《墨子·亲士》篇，其中说“西施之沈，其美也”。按上下文的语境理解，这是在夸赞西施自沉于江的高洁和美丽。也就是说，在完成这个任务之后，她无法接受感情和心理的煎熬，索性一死了之。而另一种说法见于汉代赵晔所撰的《吴越春秋》：“吴亡后，越浮西施于江，令随鸱夷以终。”就是说这个没心肝的越王怕西施知道得太多，便干脆杀人灭口，把她装进鸱夷（皮袋），沉到江里去了。这种可能不是没有，因为“可与共患难，不可与共乐”的勾践，做这种事是很拿手的。

还有另一种说法，很浪漫，也很圆满，那就是《越绝书》所载的：“吴亡后，西施复归范蠡，同泛五湖而去。”这个说法是从《国语》里衍生而出的。说范蠡在灭吴后，“反至五湖（即今太湖），范蠡辞于王曰：‘君王勉之，臣不复入越国矣’……遂乘轻舟以浮于五湖，莫知其所终极。”范蠡聪明机敏，料

范蠡像

事如神，是勾践最贴心的谋士之一，加上当初又逢国难之际，没太多的规矩，西施和范蠡相识、相知甚至相爱，也不是没有可能。根据合理的想象，当初范蠡来到太湖边便向勾践辞行，不入越国，除却“飞鸟尽，良弓藏；狡兔死，走狗烹”的担忧以外，可能也早已安排好西施在那里等他。

后来范蠡弃政从商，累资巨万，成了天下闻名的大富商，世称陶朱公。那么，西施也应该成了大富婆，在她爱的男人背后，相夫教子，过她幸福的生活。如果真是这样的结局，那西施可就有福了。

历史上有没有西施这个人，如今还是一个悬案。持赞成意见的列举出《管子》、《墨子》、《孟子》、《庄子》、《战国策》和《楚辞》等史籍，里面都提到过她；持反对意见的，则严肃地指出在记载吴越兴亡的《左传》、《国语》、《史记》里都未见西施的名字。而为后世所乐道的《越绝书》和《吴越春秋》

又被正经的史家斥为杂史，并宣称经不起推敲。这真是莫大的尴尬。虽然没有可靠的证据我们也很难断定，可如果真有这样的奇女子，正史在记载帝王将相之余，会给她一席之地吗？

美人地理

西施故里　西施故里位于诸暨市城关苎萝村，传为古代越国美女西施的故乡。苎萝村边，浦阳江缓缓流过。江边有一大石，名“浣纱石”，相传是西施当年浣纱之处。山的西边有范蠡岩，传西施入宫时，范蠡在此山脚下扶她上香车，故名范蠡岩。村里建有西施殿，殿内主要有大殿、范相亭、郑旦亭、古越亭、沉鱼池、画眉桥及西施塑像和浣纱女群像等。

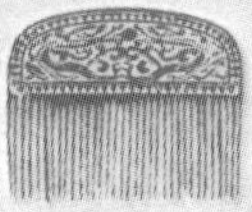

虞姬

——深爱霸王的美人

虞姬，项羽的宠姬，或谓姓虞，或谓名虞。秦末虞地人，有美色，善剑舞。楚汉之战，项羽困于垓下（今安徽灵县），兵孤粮尽，夜闻四面楚歌，以为楚地尽失，他在饮酒时，对着虞姬唱起悲壮的『垓下歌』。虞姬为楚霸王起舞，含泪和：『汉兵已略地，四方楚歌声。大王意气尽，贱妾何聊生！』歌罢，拔剑自刎。

她深爱的男人

虞姬所爱的人，是历史上大名鼎鼎的西楚霸王项羽。

史书上说他“长八尺余，力能扛鼎，才气过人”，据说还长了一双如同圣人“重瞳”的大眼睛，可谓相貌堂堂的伟丈夫。年轻时，他看秦始皇车队浩浩荡荡出行，就敢脱口而出：“彼可取而代也。”真是胆略过人、豪气冲天的奇男子。他24岁便和叔父项梁起事，八年的戎马生涯，他身经七十余战，“所当者破，所击者服”，又可谓攻无不克、战无不胜的常胜大将军。

当年，他领兵渡黄河救钜鹿。过河后，“皆沉船，破釜，烧营舍，持三天口粮，以示士卒必死，无一还心”。这种“破釜沉舟”的大无畏精神和英雄气概，亘古鲜有。那时，援解钜鹿之围的诸侯营垒有十几座之多，可诸侯之间不是争吵就是惧怕，没有一家敢贸然轻进，都想坐收渔翁之利。正如史书所言：“及楚击秦，诸侯将皆作壁上观”。而勇武的项羽则不一般，他领兵九战秦军，杀声惊天地，泣鬼神，楚军无不以一当十。“作壁上观”的诸侯军看了，“无不人人惴恐”。大破秦军后，项羽召见诸侯将领。这些将领进入辕门，没有一个是站着走进去的。怎么进去的？跪着爬进去的，甚至没人敢抬头看项羽一眼。想想看，吓得身经百战的诸侯将领“膝行而前”、“莫敢仰视”的人物，是何等英勇！是何等霸气！

至垓下之围，在他生命快要走到尽头的时候，为了证明“天亡我，非战之罪”，他带领仅剩的28骑勇士，在千军万马的包围中横冲直撞，又取得“溃围、斩将、刈旗”三次胜利。接着，在乌江岸畔，誓死不肯过江东，又持短兵接战，“独籍所杀汉军数百人”，最后身受重伤，汉军将士依然不敢接近他。当他看见自己过去的旧将吕马童时，笑道："你不是我过去的老朋友吗？我听说汉王悬赏千金购我人头，并赏万户封地，我就成全你吧！"语罢自刎而死。大英雄的语气何等蔑视！大丈夫的死法何等悲壮！他宁愿选择有尊严地死，也不愿屈辱地苟活。失败算什么？死亡算什么？他用滚烫的热血和尊贵的头颅，完成了一个真正霸王的悲剧，献给敌人看，献给朋友看，献给天下人看。

这就是虞姬深爱的男人，一位赤胆铁心的英雄、一位武功盖世的霸王。

英雄的弱点

然而，正是这么一位大英雄，身上却有着许多令人遗憾的弱点。也正是这些致命的弱点，断送了他的江山、他的美人，还有他的身家性命。

首先，他太过浮躁。太史公在《史记》中记载，他年少的时候，先读书，不成，又改学剑，还是不成。他叔叔项梁很是生气，责备他。他倒是振振有词反驳道："识点字，记得姓名足矣，练剑也就是和一个人打架，不足学，要学就学指挥千军万马打仗的本领。"项梁一听，觉得有这样的志气也不错，便教他兵法。起初，他倒是喜欢，很有兴趣，可稍微懂得点皮毛，就又不肯好好学下去。这种浮躁的性格，也为他的人生埋下悲剧的伏笔。

其次，他太过残暴。英雄好像都有嗜血的情结，项羽更甚，动不动就杀人。当年为起兵找借口，他不惜砍下会稽太守的人头。后来太守府上的人扰乱，他又是大开杀戒，击杀"数十百人”，遂慑服一方，得精兵八千，开始他征服天下的霸主历程。后来，因为意见不合，又一刀结果了自己的上司“卿子冠军”宋义，威震楚国。再后来，在新安城南，因为担心军队里秦国的降卒不听命，竟连夜出击，“坑秦卒二十余万人”。

除却爱杀人外，他还爱放火。当初，他引兵“西屠咸阳，杀秦降王子婴，烧秦宫室”，那场大火烧了三个月都没熄灭，据说秦始皇陵也是他派兵焚毁的。另外，他还爱烹吃人肉。他在咸阳把秦宫室全部烧毁之后，又想回江东，向乡人炫耀自己的成功。他说：“富贵不归故乡，如衣绣夜行，谁知之者！”于是，有人就讽刺说：“人言楚人沐猴而冠耳，果然。”这话令项羽又恼又羞，就把说话的人煮了吃。又有一次，他生擒了一个叫周苛的汉吏，因为他劝降人家，人家不肯，还捎带骂了他几句。他就很生气，后果当然也很严重，同样把人家煮了吃。再后来，他和刘邦打仗，刘邦断了他的粮道，他一急，又将刘邦的老父放进大铁锅里，准备烧了吃。他还派人威胁刘邦，说：“今不急下，吾烹太公。”没想到汉王比他更赖皮，说：“我们曾约为兄弟，我爹就是你爹，你要是果真要煮咱爹吃，那就别忘了也分我一杯羹。”

相比之下，他的另一次作为，就可爱得多。史说楚汉相争日久，相持未决，他便派人对汉王刘邦说：“天下纷争久矣，原由皆因两人起，现我愿意单独和你决一雌雄，无论胜败，就此不要让黎民百姓跟着倒霉了。”可刘邦笑着回答：“吾宁斗智，不能斗力。”两军交战，一方主帅竟能说出这样憨直的话来，不能说项羽有幽默感，只能说他太缺心眼。

而项羽最大的毛病，便是偶尔心肠好，也就是“妇人之仁”。当初，他的老谋士范增辛辛苦苦设下鸿门宴，欲替他一举除掉心腹大患刘邦。范增在宴会上连举佩玉，暗示再三，可他

该图取自清上官周所绘的《晚笑堂画传》，清乾隆八年（1743年）刊本。

竟“默然不应”。刘邦佯装委屈地辩解了几句，他脑子转都不转，脱口就把曹无伤给出卖了。再后来，在乌江岸边，因为心疼自己的战马，“不忍杀之”，便赐给接他过江东的亭长。这些小事都说明这个五大三粗的楚霸王，在勇敢的外表下还有一颗温柔的心。对于一个欲成大事的英雄来说，这些“妇人之仁”实在要不得。可对一个女人来讲，大丈夫心肠软未尝不是一件好事。垓下之围，十面埋伏、四面楚歌，一出“英雄气短，儿女情长”的情戏隆重上演。

虞兮虞兮奈若何

《史记·项羽本纪》记载，项羽被困垓下，兵少粮尽，被汉

坐落在安徽省灵璧县城东的虞姬墓

军重重包围。在夜里听到四面皆是楚歌之声，不禁失声问道："汉皆已得楚乎？是何楚人之多也？"于是披衣而起，独饮帐中。此时英雄末路，心情极为沉重，甚至说非常绝望。这时，身边只有自己最宠幸的美人虞姬相陪，帐外寒风中，则是自己心爱的乌骓神驹，想到这些心爱之物马上就会逝去，霸王不禁悲从心来。于是，慷慨悲歌，歌曰："力拔山兮气盖世，时不利兮骓不逝。骓不逝兮可奈何，虞兮虞兮奈若何！"吟唱数遍，美人和之。这时，铁血英雄的大丈夫项羽终于流下了可能是一生唯一的两行热泪。左右侍卫，也皆泣不成声，不忍看这生死离别的悲凉场面。

至于虞姬的结局，正史没有记载。但想象一下，项羽连战马都不忍杀之，何况自己的爱妾呢？倒是在汉初陆贾所撰的《楚汉春秋》里，有一个令人信服的说法。

书上说，当时霸王作《垓下歌》，虞美人和曰："汉兵已略地，四方楚歌声。大王意气尽，贱妾何聊生！"对项羽来说，虞姬所唱不是死的哀鸣，而是生的激励。尽管现实无情，步步进逼的汉兵与声声凄凉的楚歌已经使楚军到了崩溃边缘，但她仍对眼下发生的一切感到困惑不解。这时，霸王的歌声给予她莫大的安慰和最好的解释。面对英雄的失败，她坦然接受了“时不利”的解释。同时，项羽在歌中表达对她的爱意和眷念，也使一个女人感到莫大的幸福。这位奇女子知道，此时项羽正在一筹莫展之际，他痛感失败已不可避免，一生霸业转瞬将尽，可他竟将这些功名荣辱放置一边，只是担忧自己兵败会祸及自己心爱之人，其心何忍！虞姬深悉自己男人的苦衷，于是选择了自杀，以惨烈的死奉献给霸王一片纯洁无瑕的真爱情意，并以此激励项羽绝弃顾虑，专其心志，作求生之最后努力。后来，正如虞姬所愿，项王大发神威，终于杀出重围，也有了求生的机会。然而，也许他觉得自己太过失败，无颜面对江东父老，也可能无法接受没有虞姬陪伴的寂寞日子。没有爱，独活实在没啥意思。所以，这条刚硬的汉子，用同一把宝剑，痛快地自刎，随他的美人而去了。

清朝诗人何溥的《虞美人》诗云：“遗恨江东应未消，芳魂零乱任风飘，八千子弟同归汉，不负君恩是瘦腰。”自古以来，美人多是英雄的附属物、战利品或交易物罢了，很少有真爱可言。然而，项羽和虞姬之间却是实实在在的爱情，不掺一点假。英雄不弃自己的美人，美人也甘为自己的英雄赴死。为了爱，一个不后活，一个不独生。至今想起他们的故事，依然觉得会令山水无色，天地动容。史书记载，项王死后，他的老对手刘邦亲自祭拜，“泣之而去”。这样做，一方面有英雄“惺惺相惜”之意，另一方面也许是在叹项王获得了真爱，而自己没有吧。

美人地理

虞姬故里　传说虞姬是今沭阳县颜集乡人。该乡境内有虞姬沟蜿蜒半境，此沟因人得名，沟畔有胭脂井、霸王桥、九龙口、点将台、项宅等史迹。民国期间，曾对虞姬庙进行修建。抗战期间，因战乱失修而坍塌毁坏。

虞姬墓　一说根据明《宿州志》记载，虞姬葬在灵璧东15里。灵璧虞姬墓廓处立有清代墓碑，碑文上明确记载：“定远之南肖一姬墓，彼葬姬首，此葬姬身。”另一说见明代《和州志》，说葬在定远东南60里嵯虞墩。相传项羽兵败垓下、虞姬自刎后，携美人头战逃至定远县东南。在兵陷沼泽、追兵紧逼的情况下，他埋下美人头，连续杀敌数百人。突围时，其小坟遂成大墩，并长满美人草。今美人草为此地独有植物，一到春天，满墩绿茵，鲜花盛开。

王昭君

——以和亲的名义献身

王昭君，名嫱，字昭君，南郡秭归（今湖北兴山）人。晋避司马昭讳，改称为明君或明妃。元帝时，王昭君被选入宫。竟宁元年（前33年），匈奴呼韩邪单于入朝求和亲，昭君自愿请求嫁于匈奴。成帝建始二年（前31年）呼韩邪死，成帝又命她『从胡俗』，改嫁复株累单于（呼韩邪单于的长子），生二女。

两千多年前，这位美人便以主动的姿态，为我们树立了一个“自由女性”的中国榜样。为了寻求自己的幸福，她主动掌握自己的命运。她以最堂皇的理由和亲匈奴，以最直爽的想法献身大漠，并一不小心成为民族交流史上最性感的文化形象。

元帝叹气　延寿砍头

王昭君是个沉重的传奇。

四大美人中，唯有她以正面的姿态入了史家的法眼。她既不像西施、貂蝉一样，在正史里连个名字都找不到，也不像后世的杨玉环一样，史册里融入了太多的感情笔墨。在《汉书》里，史学家对于她的表述都很严肃、慎重，甚至有些敬重的意味，容不得我们有太多的想象。倒是西汉刘歆的《西京杂记》，有些有趣的记载，“可补《汉书》之阙”。

书里说，元帝的时候，后宫佳丽甚多。皇帝一时看不过来，便命令画工将美人都绘成图像，再由他慢慢挑选。为了争宠，求得能见皇帝一面，诸多宫女都采取贿赂的方式，期望画工能把自己画得漂亮些。可想而知，皇帝按图索“色”，这样自然被看中的机会就大了。这些后宫的美人也真是有钱，“多者十万，少者亦不减五万”，出手相当大方。

《西京杂记》里特别点名画工毛延寿，说最擅长画人形，画得是“丑好老少必得其真”，可谓栩栩如生。那么常给后宫画像的，也应该是他了。且说王昭君初入宫廷，不懂这些规矩，再加上自恃貌美，不愁皇上不召见。毛延寿在画王昭君时曾暗示过，意思是说你长得好不如我画得好，好不好还是由我的妙笔说了算！你意思意思，给点润笔费，什么都好说。可王昭君就是不信这个邪，不但没搭理他，反而讥讽了他几句。见王昭君如此傲慢，毛延寿便决定给她点“颜色”看看。然后他就把一点该点到眼睛上的丹青，故意点到脸上。于是，王昭君“入宫数岁，不得见御”，一人在后宫不知守了多少寂寞时光。

《千秋绝艳图》中的王昭君形象

公元前33年，匈奴单于呼韩邪第三次来到汉朝的京师长安城，觐见汉元帝，表示归附中央王朝的诚意和对汉元帝的尊敬。同时，请求“婿汉氏以自亲”，这就是历史上有名的“和亲”。汉元帝慨然应允，可选谁呢，他就有点为难了。在一堆画像里选来挑去，这个舍不得，那个离不开，后来发现脸上有“痣”的王昭君不太顺眼，便选定了她。然后决定亲自召见，动之以皇家恩情，晓之以民族大义，好好做做思想工作。毕竟细皮嫩肉的皇室闺秀，谁愿意去大漠受罪呢？

然而，当昭君“丰容靓饰，光明汉宫，顾影徘徊，竦动左右”时，元帝这才发现其“貌为后宫第一”。继而又发现“举止闲雅”，还“善应对”。这时元帝心里那个恨呀，那个悔呀，真是犹如打翻了五味瓶一般，那滋味怎么也说不清。

本想把这样的美人留在身边，只可惜“名籍已定”，加上必须“重信于外国”，只好恨恨作罢。何况，王美人还是主动“请掖庭令求行”，要求担当“和蕃使者”的角色。这就免去了做思想工作的麻烦。要是换一个又哭又闹的，岂不坏了国家大事？元帝左思右想，终是决定“不复更人”，将这样的妙人儿赐给单于做老婆。但心里恨意难消，便迁怒那些画工，把宫里一大堆画师包括毛延寿通通砍头，搞得京师画工一时非常稀缺。

昭君出塞　天下太平

这样的美人儿，单于自然喜欢。《汉书·匈奴传》里说他“上书愿保塞上谷以西至敦煌，传之无穷，请罢边备塞吏卒，以休天子人民……”也正是这位美女的功劳，双方化干戈为玉帛，铸刀剑为犁锄，北方边陲出现了“剑戟归田尽，牛羊绕塞多”的祥和景象。因此，昭君出塞那一年，汉元帝下诏改元为“竟宁”（给边境带来和平安宁之意）。在封建社会，改元是国家政治生活中一件大事，由此可见，从最高统治者到一般民众对此都非常重视。在她出塞后的60多年内，汉与匈奴相安无事，长城内外出现了“边城晏闭，牛马布野，三世无犬吠之警，黎庶忘干戈之役”的和平景象。对此，董必武老先生曾写诗夸赞：“昭君自有千秋在，胡汉和亲见识高。”

汉朝历史上一共有9位女子和亲远嫁匈奴，王昭君名声最大。其中一个很重要的原因便是那时恰值汉强胡弱之际，汉家和亲的女子自然格外受到敬重。就说这个呼韩邪单于，由于汉朝诛杀了他的对手郅支单于，使得他“且喜且惧”，加上“五单于争立”的内乱搞得他狼狈万状，“势穷力蹙”，这才甘心做了汉家的女婿。昭君在这种情况下和亲，自然扬眉吐气，腰板挺直。到了匈奴国，更是当仁不让地坐了皇后的宝座，被尊奉为

宫素然（金）《明妃出塞图》

此图绘西汉元帝时宫女王昭君远嫁匈奴呼韩邪单于，与随从行出塞外的情形。

"宁胡阏氏"。

但从人性的角度讲，王昭君自愿请求远嫁匈奴可能只是姑娘家一时幽怨的冲动罢了。《后汉书·南匈奴列传》就说她"入宫数岁，不得见御，积悲怨"。对此，我们也没必要一定拔高她的思想境界。与其在后宫里苦等遥遥无期的宠幸，时时面对尔虞我诈的争斗，倒不妨去大草原享受自由的空气、清新的花香。便是住穹庐、衣毡裘、食畜肉、饮酪浆，又如

倪田（清）《昭君出塞图》

此图自题"一望关河萧索"，写王昭君的思乡之情。

何呢？至少那里有自由的天空。便是气候恶劣，习俗迥异，语言不通，又如何呢？至少那里是个全新的环境。便是要爱一个异族男人，又如何呢？至少总比一辈子苦等一个老男人强。正如欧阳修所言，“君不见咫尺长门闭阿娇，人生失意无南北”。至于她在匈奴那里生活得到底快不快乐，我们不得而知。但不管如何，她拥有了一个属于自己的男人，并生下一个健康的儿子，名叫伊屠知牙师，后来被封为“右逐日王”。后来，正是这个右逐日王的一支匈奴日益强盛，并与东汉交恶，被窦宪追击，一路西窜，越过葱岭进入欧洲，占领哥特人的地盘，引起罗马帝国的崩溃，在欧洲大陆建立了强大的匈奴帝国，也就是后来的匈牙利和塞尔维亚等国。当然，这是后话。

言归正传，且说昭君出塞三年后，单于重病不起，很快就弃下母子二人，撒手归西。这时，昭君碰到一个“文化冲突”的难题：呼韩邪死后，其前妻之子复株累继位，按匈奴收继婚(即父死妻其后母）的习俗，他要娶他以前的“母后”为妻，这就使得自小接受汉文化熏陶的王昭君难以接受，所以“上书求归”，但成帝“敕令从胡俗”，君命不可违，所以只好含泪下嫁给自己的“儿子”，并又生了两个闺女。

青冢孤魂　永载史册

由于王昭君的伟大牺牲，汉家皇帝对她、她的家族也施恩颇多。不但将她的兄弟封为侯爵，而且多次奉命出使匈奴。她后来生的两个闺女，也曾到长安入宫侍奉过太皇太后。本来，日子可以这样一直过下去，可天有不测风云，先是汉元帝的侄子王莽夺取西汉政权，建立新朝，匈奴单于认为“不是刘氏子孙，何以可为中国皇帝？”于是边疆再起烽火。接着，王昭君的儿子又无辜被杀。无穷的祸乱终将这个坚强的女子打倒。

她终在凄凉的绝望中幽怨而死。后来，她的尸骨被埋葬在大黑河南岸（今归化城南30里处）。北方秋冬草木枯落，而王昭君的墓地树木皆青，方向朝南，杜甫诗有“独留青冢向黄昏”之句，因此她的墓地也被称作“青冢”。墓前立有石刻的墓碑，上书：“一身归朔漠，数代靖兵戎；若以功名论，几与卫霍同。”除却情感不谈，除却困苦不谈，只说历史功绩，这也算是对她一生最好的评价吧。

昭君出塞，这样的故事最能激起我们无限的怜惜和遐想。这位美人狐裘裹身、琵琶半抱的经典形象已经深入人心，成为一个中国人心目中最具符号性的文化剪影。这位弱小女子的最伟大之处，不是肩负的民族大义，也不是维护了天下安康，而是她主动地选择了自己的人生方向，并在历史背景板上树立了一个性感的坚强形象。

美人地理

“青冢”　昭君死后，匈奴为其建宫立碑，这就是位于内蒙古呼和浩特城南10公里的“青冢”，即昭君墓。墓总高33米，占地约1.5公顷。上有青松翠柏，繁花环绕。墓前有凉亭。

昭君故里　昭君故里位于兴山县西香溪河畔的宝坪村。“群山万壑赴荆门，生长明妃尚有村”，杜甫诗中所指的就是这里。

貂蝉

——政治博弈的利器

貂蝉，姓任，小字红昌，15岁被选入宫中，掌管朝臣戴的貂蝉冠，从此更名为貂蝉。汉末宫廷风云骤起，貂蝉出宫被司徒王允收为义女。不久董卓专权。王允利用董、吕好色，遂使貂蝉施『连环计』，终于促使吕布杀了董卓，立下功勋。事后，貂蝉为吕布之妾。白门楼吕布殒命，貂蝉化清风而去，不知所终。

这位美人，从头至尾都是一个悲剧，她的美貌能令月亮害羞，会让权贵惊讶，但她却无法得到一份真爱，甚至连个确定的归宿都没有。她的时代，并不稀缺英雄，但缺少对美人的怜慕和惜爱。那个时代，只讲成败。因此，再美的容貌，也只是阴谋交易的漂亮工具或是政治博弈的美丽筹码罢了。

最神秘的身世

貂蝉是四大美人中最神秘的一个。

因为史无明载，所以历史上是否有这样一个美人，都难断定。当然，“其名不见正史，而其事未必全虚”。《三国志·吕布传》里，明确记载着吕布与董卓侍女有染的事实：“卓常使布守中阁，布与卓侍婢私通，恐事发觉，心不自安。”那么，貂蝉这个人物也可能不是杜撰出来，只是她的身份地位相当卑贱，所以只能以“侍婢”的名分一笔带过。

而为我们所熟知的貂蝉形象，则来自罗贯中的《三国演义》。罗贯中凭借传记里短短几十字的记载，加上各种民间传说，凭空塑造出一个色艺双全、光彩照人的貂蝉来，名列古代四大美女之中，实在是一个奇迹。

貂蝉有多漂亮，民间传说中说她有“闭月”之貌，说月亮都比不过她的美丽，要赶紧躲在云彩后面。而《三国演义》里则说“年方二八，色技俱佳”，并有诗词形容她的容貌舞姿：

原是昭阳宫里人，惊鸿宛转掌中身。只疑飞过洞庭春。

按彻梁州莲步稳，好花风袅一枝新。画堂香暖不胜春。

当初，持方天画戟、跨赤兔马、“骁勇异常”的大将军吕布，按照合理的想象，也应该是颇有女孩子缘的“帅哥”。《三国演义》说他是好色之徒，那他自然对于美色有较高的鉴赏力。但当他初次见到“貂蝉艳妆而出”，先是“惊问何人”，然后是“目不转睛地看”，可见貂蝉“惊艳”。便是吕布的干爹，就是那个“奸乱公主，妻略宫人”的董卓，见到貂蝉也不免叹曰：“真神仙中人也！”由此可见，她的美色是不容置疑的。

关于她的身世，《三国演义》说她是王允府中的歌伎，王允“以亲女待之”，那就算是干女儿了。但若按《三国志》里与吕布有染的“侍婢”原型来分析，她又可能是董卓府中的人。再根据元代人关汉卿的剧本，又是另一种说法：貂蝉姓任，名红昌，原是吕布的妻子，后因黄巾之乱，没入宫中，成为一名掌管朝臣戴的貂蝉冠（汉代侍从官员的帽饰）的宫女，故赐名貂蝉，接着又被皇帝赐给王司徒。但由于没有正史记载，所以三种假设皆有可能。

最危险的任务

这位美人不但长得是风华绝代、国色天香，而且聪慧伶俐、深明大义。当王允在牡丹亭里叩头拜请貂蝉替他演一出“连环美人计”除掉贼臣董卓时，这位只有16岁的小美女不急不慌、不愣不躁，坦然地接受了任务。这位小美女大概天生就是做间谍的料，面对“事若泄漏，将遭灭门”的巨大压力，不但有“万死不辞”的莫大勇气，而且有“望即献妾与彼，妾自有道理”的冷静和智慧。

在后来这出著名的连环计中，王允先将貂蝉许给董卓义子吕布，未及迎娶又献于太师董卓，挑起董、吕两人的矛盾。貂蝉对此心领神会，表现也是无可挑剔，完美至极。她先是和吕布眉来眼去，秋波传情，把大将军的魂勾得是颠三倒四；然后又在笙簧缭绕中，大秀妖艳舞技和美妙歌喉，继而又是推杯换盏，将董卓迷得一塌糊涂。平心而论，这是一项极其艰巨的任务。一是因为董卓老鬼当时权倾一时，去王允府上赴宴都要带上“持戟甲士百余”，气焰可谓嚣张；二来这老鬼太过肥胖，何况又老又丑，小貂蝉若要圆满完成任务，不但要有极好的心理素质，而且要有一流的演技。

实事求是地讲，周旋在两个男人之间，是一件很麻烦的事。何况是枭雄对峙、父子之间。任何一个小小的细节失误，甚至一个惊慌的眼神，都可能导致杀身之祸。但貂蝉表演得太完美了。她一会儿在吕布面前扮成早已以心相许却被董卓霸占的痴情人，一会儿又在董卓面前装作受吕布调戏的无辜者，从而使得董、吕二人彼此恨之入骨，终于反目成仇。且看她在两个男人面前如何上演“寻死”的精彩片段。

先说在凤仪亭边和吕布相会。貂蝉对心上人一番哭诉之后，以“此身已污，不得复事英雄”刺激吕布“尝不到葡萄，抱不得美人”的心理痛痒，然后“手攀曲栏，望荷花池便跳来”，以死明志。自然，吕布舍不得，慌忙抱住。接着，貂蝉看他似乎仍心存芥蒂，害怕董卓老贼见疑，又以激将法刺激他，然后加上大把大把的眼泪，搞得吕布是“羞惭满面，重复倚戟，回身搂抱貂蝉，用好言安慰”。最后终于等到董卓“醋意大发，掷戟刺布”的预料局面。至此，貂蝉圆满地完成了她第一阶段的任务。

再看她在董卓面前的表演。当董卓假意要将她赐予吕布

清同治粉彩《吕布戏貂蝉图》

时，貂蝉佯装大惊，哭闹，“宁死不辱”，为表示对董卓的忠贞，还“掣壁间宝剑，欲自刎”。这一哭一闹，不但彻底抹去了董卓的疑心，而且激起男人的虚荣心。于是，董卓弃谋士于不顾，陷入貂蝉精心设计的“红裙圈套”，最终使得吕布不顾伦理亲情，毅然选择背叛，“一戟直透咽喉”，亲手断了老子的性命。对于貂蝉传奇般的“卧底”事迹，有诗赞曰：

司徒妙算托红裙，不用干戈不用兵。

三战虎牢徒费力，凯歌却奏凤仪亭。

最莫名的结局

貂蝉的出色表演，使王允的计划实施得天衣无缝，顺利地铲除了朝中一大祸害，圆满地实现了一个至今依然被津津乐道的历史传奇。

但关于她的最终归宿，《三国演义》中没有提及。在元杂剧、野史典籍或民间传说中，倒是有几种耐人寻味的说法。说法一，如《白门楼》所述，在董卓被诛后，正式成为吕布之妾，后在白门楼吕布被斩时，一同死去；说法二，如《关公月下斩貂蝉》所言，吕布被斩后，貂蝉被曹操送给了刘备，后来被关羽斩于月下；说法三，是野史记载，关羽向曹操索要此女，纳为妾氏，并随关羽入蜀，从此过上幸福的生活；说法四，貂蝉在董卓被诛时，归隐田园，“化清风而去”，不知所终。

对于这样一个介于历史和文学之间的人物，真真假假，假假真真，哪些是文人的渲染和演绎，又有哪些是历史的细节和真实，都难以说清。如今，关于貂蝉的故事，依然鲜活在人们的文化记忆中。她已经幻化成一个历史背影，一个美丽的符号，成为我们传统文化里不可复制也是独一无二的人文风景。

这样的美人，也将超越历史，永存我们的记忆之中。

四大美女中，除却杨贵妃，其他三位都张扬着一种“以身救国”的悲情基调。但貂蝉最是与众不同。一是她的主动请缨，二是她完成任务的复杂程度和艰巨难度。她的身上，闪耀着智慧的灵光，充满了巾帼的豪情。然而，女性以性为交易，以扼杀情感为代价，换来的政治成果再伟大，我们也不该引以自豪。千百年来，再漂亮的容颜，再神圣的使命，她们最终扮演的角色，也只是政治博弈的利器和筹码。

独孤氏

——性格奇妒的强人

独孤氏（553—602），名伽罗，祖籍云中（今大同），寄籍洛阳，北周大司马独孤信第七女。初，独孤信见杨坚相貌奇伟，器宇轩昂，故将独孤氏许配给他。杨坚即位之后，独孤氏被封为文献皇后。文献皇后很有政治才能，她性颇仁爱，但性犹妒忌。仁寿二年（602年）八月，独孤氏病逝永安宫中，终年50岁。

显赫的家世

独孤氏是隋文帝的老婆。

她很有“旺夫运”，这可能与她显赫的家世有关。独孤氏的祖先来自漠北的鲜卑族，后随北魏拓跋氏入主中原，最终定居在中原境内。她的父亲独孤信“雅有奇谋大略”，曾助北周宇文泰开创霸业，因“功参性命，望实俱重”的军功得以加官晋爵，任北周大司马，并被封为河内公，与宇文泰等并列为府兵柱国大将军。除此之外，他还眼光如炬，选女婿非常准，七个闺女中，有三个做了皇后。大闺女是北周明帝宇文毓的皇后；老四嫁给另一柱国大将军李昺，生唐高祖李渊，后被追谥为元贞皇后；闺女里最小的，便是我们要讲的隋文帝的文献皇后。

隋文帝杨坚像

难怪《北史》、《周书》皆叹曰：“周隋及皇家，（独孤氏一门）三代皆为外戚，自古以来，未之有也。”

当初，独孤信见杨坚相貌奇伟，器宇轩昂，觉得将来必成大业，便特地将年仅 14 岁的小闺女许配给他。事实证明，杨坚娶对了老婆，独孤氏也没嫁错对象。后来，独孤氏给他生有一女五子。他们唯一的女儿杨丽华长大后嫁给周宣帝宇文赟，被立为“天元大皇后”。这样，独孤氏的姐姐是皇后，女儿又是皇后，真可谓“贵戚之盛，莫与之比”。

有一次，周宣帝宇文赟与杨皇后小两口吵架，皇帝本希望杨皇后服软认错，可杨丽华竟“进止详闲，辞色不挠”，搞得周宣帝很没面子，勃然大怒，“遂赐后死，逼令引诀”。虽然当时杨坚功勋卓著，封为北周上柱国，掌握全国兵马，在朝中威望日重，但取代北周的时机还不成熟。若是皇帝一发威，杨氏不仅富贵堪忧，可能还会招来满门抄斩的大祸。独孤氏明白事情的严重性，所以得知消息，马上亲自入宫请罪，跪在殿前叩头不止，以至血流满面，终使得周宣帝收回成命，保住了杨皇后，也保住了杨氏一门的身家性命。

后来，周宣帝死，小皇帝宇文阐继位，年仅八岁。杨坚以大丞相的身份辅政，总领百官，都督内外诸军事。当时，杨坚步步进逼，除了名号，无论威势还是形制都已经是皇帝的待遇了。可他还是有点不好意思，怕天下人说闲话。这时，又是独孤氏给杨坚送去一颗定心丸，她说：“大事已然，骑兽之势，必不得下，勉之！”她的意思是，都已经这样了，就别装了，赶紧坐上去吧。于是，杨坚终于废掉周静帝，自称皇帝，建立了隋王朝，而独孤氏也被封为皇后。

由此可见，独孤皇后是一位很有见地、目光长远的女性。史书上说她“谦卑自守，柔顺恭孝，不失妇道”，是母仪天下的好典范。这大概是家里出的皇后太多，经验丰富的缘故吧。更难得的是，她生活俭朴，不好华丽，就是喜爱读书，识达古今，因此颇受隋文帝的敬重。

《隋书》上曾记载这样一件事情：突厥人向幽州总管推销一箱价值800万元的上品明珠，幽州总管就呈报独孤皇后，怂恿她买下。她婉言谢绝，说：“我不需要这些。如今戎狄屡次侵犯，将士征战疲劳，不如奖赏有功之士。”此举立刻传遍朝野，受到百官称赞。大家都觉得有此国母实乃大隋之幸，隋文帝也因此更加敬重和喜爱她。

独孤皇后公私分明，颇识大体。有一次，她的表兄大都督崔长仁触犯王法，按律当斩。隋文帝看在皇后情面上，有意放他一马。但独孤皇后却进谏说：“国家之事，焉可顾私!”文帝闻此言，深为其动，遂将其按律处死。与此形成对照的是另一件事，她的异母兄弟独孤陀因滋酒逞凶、残害百姓，受了皇后指责，便怀恨在心，曾以猫鬼巫蛊诅咒皇后，按律当斩。皇后虽然也很恼火，可最后还是请求文帝赦免其罪。她说：“如果独孤陀蠹政害民，妾不敢为其说情，但如今他只是因为诅咒我而犯罪，所以胆敢请求留他性命。”于是陀被免去死刑。

史书上说她每次给皇帝进言或谈论对国家大事的看法，往往很合隋文帝的心意，也令众人敬服，宫里将她与文帝并称为“二圣”，由此可见她的威望之高。

奇妒的性格

独孤皇后千好万好，只有一点非常不好，那就是嫉妒心特别强，甚至有些离谱。

当初，她嫁与杨坚时，就让他发誓“无异生之子”，就是说，不准他跟其他女人有孩子。在男权至上的封建时代，这种话可能只是小两口蜜月期的戏言，但独孤皇后就有本事让它成为事实。她的办法就是形影不离，让其他女人没有机会接近杨坚。特别是杨坚当了皇帝以后，更是紧紧盯着，不给他犯错的机会。每次上朝，他都要跟着文帝，同坐一辇，把他一直送到朝阁，她则在殿下静静等候。待散朝之后，又同辇返回内宫，真是两情相悦，相顾欣然。这样的行为，她日复一日，年复一年，不厌其烦地坚持着。同时，对于朝堂上讨论的国家大事，若觉得有所不妥，她也会“随则匡谏”，使杨坚受益匪浅。想想妻子与自己患难与共数十年，总是一心一意辅助自己，惠心可嘉，文帝自然心里畅快，后来还颇为自豪地对大臣夸耀道：“朕旁无姬侍，五子同母，可谓真兄弟也！岂若前代，多诸内宠。”

可她总是这样一本正经，张口一个“为天下百姓计”，闭口一个“谋社稷之远虑”，日久天长，也终会产生“心理逆反”。再加上几十年看一张老脸，便是再爱，也终会有审美疲劳的。

所以，作为男人，杨坚也很郁闷压抑。终于有一天，他逮住了发泄的机会。在仁寿宫，他无意碰上一个姓尉迟的宫女，颇有美色，“见而悦之，因此得幸”。尝到甜头后，第二天下朝又准备去私会尉迟女，却遍寻不见。一问原来是独孤皇后醋意大发，将其“阴杀之”。杨坚一听大怒，觉得这皇帝做得太窝囊，太憋气，便单人匹马，跑出宫门，钻进深山谷里独自生闷气。后来两位重臣高颎、杨素得知，急急追来，“扣马苦谏”。这时杨坚委屈得泪流满面，叹息说：“吾贵为天子，而不得自由！”高颎劝解说：“陛下岂以一妇人而轻天下！”杨坚这才有所顿悟，在山中“驻马良久”，直到半夜才返回宫里。

独孤皇后也知道自己做得太过分，又是担忧，又是愧疚，等到杨坚回来，立马“流涕拜谢”。高颎、杨素两位大臣又从旁好好劝解，终使得隋文帝杨坚回心转意，并“置酒极欢”。而独孤皇后此后也有所收敛。从这件事不难看出，独孤皇后的嫉妒心虽重，可两人感情更深。要不，贵为皇帝的杨坚也不会跑到深山里哭鼻子，早就把她废了。一个皇帝怕老婆怕到这份上，也是够难为他了。

独孤皇后的嫉妒若只是因为爱她的丈夫也就罢了。可她澎湃的醋意竟溢到朝堂之上，宫门以外。史书上说，她后来竟连大臣的小妾都看不顺眼，每“见朝士及诸王有妾孕者，必劝上斥之”。这就有点匪夷所思，估计是更年期的心理异变吧。

当时，有个叫高颎的大臣，就是曾在山里劝导过杨坚的那位，是隋朝的开国元老，德高望重，与独孤皇后的娘家也有着深厚的交情。原配夫人去世后，身为相国的高颎很是伤心，曾对独孤皇后说：“瑟弦骤断，唯斋居诵经而已。”这话深受皇后赞叹。可不久传来相国爱妾生子的消息，令独孤皇后火冒三丈。她认为高颎表里不一，想他表面上痛念亡妻，暗地里却宠爱小妾，更是觉得愤怒，再想起当时高劝文帝时讥讽自己是“一妇人”（其实高颎说的“妇人”是指尉迟宫女），心里更是怀恨不已。于是在文帝耳边猛吹枕边风，不让高颎的日子好过。真是不明白别人生孩子和她有什么关系？可见，女人的嫉妒心，一旦失去控制，真是可怕。

遗憾的短视

更过分的是，她还强力干涉儿子的夫妻之事。在她晚年，好像越来越见不得小妾，特别是小妾生孩子。她曾定过一个荒唐的规矩："后庭有之，皆不育之，示无私宠"，恨不得大家都要从一而终，估计这也是更年期焦虑症的表现之一。而她一生犯的最大错误，便是鼓动杨坚废了太子杨勇，而改立晋王杨广。废太子，最大的理由就是嫌杨勇不爱正室元妃，而爱小妾云氏，还跟云氏生有一子。而立杨广，也是因为杨广巧妙利用了她的弱点，装出一副节俭仁孝、不好声色的样子。据说杨广府里的偏妃或宫女有孕都偷偷打掉。真是没见过这样做母亲的，都管到儿子的性生活上了。

也许正是这种泛滥的嫉妒心让独孤皇后心神俱扰，刚刚50岁便重病不起，很快就一命归西。皇后死后，文帝终得以解放，放纵声色，其中最宠幸江南美女宣华夫人陈氏和容华夫人蔡氏。由于贪欢过度，一年之后便身染重病，卧床不起。这个时候，文帝又想起他的皇后来，不免有所感念，有所懊悔，辛酸地对侍者说："使皇后在，吾不及此。"

阎立本（唐）《历代帝王图》
图中所绘帝王为隋炀帝杨广。

而事实证明，独孤皇后犯了一个非常大的错误。她所推崇的"节俭仁孝、不好声色”的晋王杨广，其实恰恰是个不折不扣的骄奢荒淫的家伙。在老父亲病重时，他便敢在父王的寝宫里调戏父亲的宠妃陈夫人。这时，杨坚才恍然大悟：“畜生何足付大事，独孤诚误我！”只可惜，后悔已晚，祸根早已埋下，悲剧已经开始上演。

如果独孤皇后地下有灵，知晓她所选择的杨家接班人是这样一个大淫虫时，不知会作何感想？两人若在九泉之下相会，执手相看泪眼，除却悲叹，还能怎样？

几千年的帝王家史，大概只有独孤皇后享受了“一夫一妻”制的待遇吧。“孤家”配“寡人”，也真可谓绝配！我们必须承认，身为一个女人，独孤氏最大的幸运便是嫁对了人，虽然谈不上“驭夫有术”，可还是很成功地“管住”了她的男人。难得的是，她没有用政治的手腕（或阳谋，或阴谋）来处理夫妻关系，只是以女性的本能，娇蛮地爱着她的男人。更难得的是，身为帝王的杨坚，竟容得了她，而且是一辈子。也许，这就是爱情的力量吧。

长孙皇后

——母仪天下的榜样

长孙皇后（601—636），长安人，祖先为北魏拓跋氏，父亲长孙晟隋时官至右骁卫将军。她从小爱好读书，通达理仪，十三岁时嫁给李世民为妻。李世民升储登基以后，被立为皇后。长孙皇后生性节俭，母仪天下。贞观十年（636）六月，长孙皇后在后宫立政殿去世，年仅36岁。同年十一月，葬于昭陵。

她用伟大的母性温暖了一个时代，也给我们留下了一个不朽的传奇。

爱护丈夫　以情为本

长孙皇后是隋朝一位将军的女儿，身上流有鲜卑族的血液。《唐书》上说她“少好读书，造次必循礼则”，自小便显示出非凡的一面。她的舅舅高士廉曾给她算过卦，卜卦的人说她“坤厚载物，德合无疆”，贵不可言，以后必将“辅相天地之宜而左右人也”。

这自然是史官的奉迎和迷信的附会，但她的性格中，确实有一种刚柔相济的迷人力量，温敦大气和端庄文雅如此和谐地体现在她身上。她13岁时便嫁给比自己大两岁的李世民为妻，恩爱异常。李世民是一位了不起的大英雄，18岁时便劝自己的父亲李渊扯起义旗，反对混蛋皇帝杨广，终取得天下。在这个过程中，长孙皇后一直是李世民的贤内助，帮了不少忙。

当初，天纵神武、野心勃勃的李世民，并不甘心只做一个小小的秦王。因此，他积极收拢人才，暗暗积蓄力量，或是招募如尉迟敬德、秦叔宝等大批骁勇武将，或是礼待长孙无忌、房玄龄等诸多名士文臣，先建立自己的“影子”内阁，为夺取皇位做好准备。因此他的“天策府”当时有“小朝廷”的名号。这也就难怪当时有人对李渊说：“秦王恃他大勋，不服居太子之下。”

为了博取父亲的好感，也为了“隐太子猜忌滋甚”，长孙氏便在丈夫的授意下去皇宫做“卧底”，“孝事高祖，恭顺妃嫔，尽力弥缝，以存内助”。这样，一方面可以稳住老父的情绪，也可以积极探听太子党及朝廷的风向。估计后来李世民向老父亲告太子“淫乱后宫”的状，她也搜了不少材料，做了不少工作。因此，后来当李世民精心策划并发动“玄武门之变”，干净利索地除掉自己的政治对手（也是自己的亲兄弟）时，长孙氏才会“亲慰勉之，左右莫不感激”。后来，她病死前还亲自嘱咐太宗，对当时兵变的功臣房玄龄“非有大故，愿勿弃之”，因为“玄龄事陛下最久，小心谨慎，奇谋秘计，皆所预闻，竟无一言漏泄”，这说明长孙皇后有冷静的政治头脑，她早就充分认识到政治斗争中“奇谋秘计”的重要性。因此，对于丈夫“亲执弓射杀其兄，疾呼以加刃其弟”，长孙氏并未抱“妇人之见”，而是心安理得地跑到一线，亲自犒劳慰问，这不但说明她有着过人胆识和理性，而且见证了她对丈夫的爱之浓、情之深。

辅佐君王　进退有节

虽然后世对李世民以杀弟弑兄的非正常手段取得皇位喋骂不休，可实事求是地讲，他是一个好皇帝。他刚即位，便命令“纵禁苑所养鹰犬，并停诸方所进珍异”，还放“掖庭宫女三千余人”，政尚简肃。如此这般，自然天下大悦。

大概正是长孙氏在玄武门事变中表现得体，李世民才会如此敬重她，即位后马上立她为皇后，而且常常和她“论及赏罚之事”。长孙皇后虽然很有见地，可她有自己的原则，深知古来妇人乱政专权的祸害，因此她引用古人“牝鸡之晨，惟家之索”的话，说：“我一个妇道人家，怎能随意议论国家大事？”有意思的是，唐太宗还是很固执地讲给她听，但她保持沉默，“竟

唐太宗李世民像

不之答”。

不过，该说话时她还是会说。她懂得如何巧妙利用母性和妻性的“润滑剂”，对太宗进行温柔而不伤体面的提醒。《资治通鉴》里记载有两件小事，最能说明问题。

长乐公主出嫁，由于她是唐太宗与长孙皇后的掌上明珠，所以想嫁妆比永嘉公主加倍。永嘉公主是唐太宗的姐姐，出嫁时正逢唐初百业待兴之际，因而嫁妆比较简朴；而长乐公主出嫁时已是贞观盛世，国力强盛，要求增添些嫁妆本也不算过分。可魏征听说此事后认为长乐公主之礼若过于永嘉公主，于情于理皆不合。唐太宗对魏征的意见不以为然，就随口告诉了妻子。长孙皇后不以为怒，反以为喜，赞叹道：“妾亟闻陛下称重魏征，不知其故，今观其引礼义以抑人主之情，乃知真社稷之臣也！”然而又巧妙地补充道：“妾与陛下结发为夫妇，情深意重，仍恐陛下高位，每言必先察陛下颜色，不敢轻易冒犯；魏征以人臣之疏远，能抗言如此，实为难得，陛下不可不从啊。”后来，长孙皇后还派人赐给魏征绢四百匹、钱四百缗，并温言勉励他。

还有一次，魏征不知何故又在朝廷上惹怒了唐太宗。唐太宗罢朝回宫，怒气冲冲地说：“会须杀此田舍翁。”长孙皇后问是为谁发这么大的脾气。天子说是魏征，因为每每当廷给他难堪。长孙氏没说什么就退了下去，换了一身庄重的朝服站在庭前。李世民很惊讶地看着盛装的妻子。长孙皇后一本正经地解释道：“妾闻主明臣直；今魏征直，由陛下之明故也，妾敢不贺！”唐太宗听了先是一怔，既而欣喜，脸上乌云一扫而空。

也许正是“淑问不已，柔风允塞”的长孙皇后赐予臣子温柔的力量，使得魏征犯颜直谏时多了几份豪然的底气，使得冰冷的政治有了一点人性的温度，也成就了一位圣明的君王。直到生命的最后，长孙皇后还惦记着“谴归第”的贤相房玄龄，并向她深爱的君王提醒贤臣的价值，为她关心的臣子争取报效的机会。

治理后宫，以德服众

作为后宫统帅，长孙皇后深知她的舞台在什么地方，也深知皇宫里关系的复杂和微妙。因此，最好的治理办法便是以身作则，以贤淑无私的德行默默感化，为后宫做表率。

史书上盛赞她的简朴。不仅她的服饰什物非常简朴，而且她所使用的一切物品，都以够用为限，从不铺张。就是对自己的儿子，也同样提出克制物欲的要求。当时太子李承乾的乳母遂安夫人奏请增加东宫什器，长孙皇后便直截了当地告诫说：“太子患无德与名，器何请为？”不留余地地拒绝了东宫增加器具的请求。但对于后宫妃嫔，她又是极其宽容。每逢后宫有人惹怒了皇上，她会先顺着皇帝的意思将其“绳治”，等皇帝怒气消了，她又多半会替其开脱，“终不令有冤”。当时，有个妃子生下豫章公主后便不幸死去，皇后就将其收养在身边，视为己出。如果下边的妃子宫人生了病，她也会派人送药，并亲自前去看望抚慰。正是这些温馨感人的细节，终使得“下怀其仁”，后宫不再冰冷，呈现出一派祥和温馨的气氛。

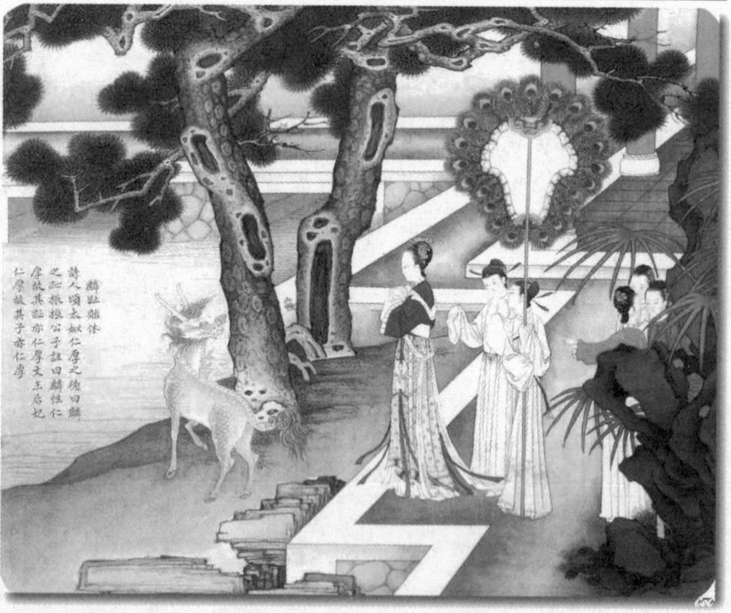

《历代贤后故事图》之《麟趾贻休》

长孙皇后还搜集了古代妇女的事例，亲自编撰了一本《女则》，共十篇。她写这本事的目的只是为了“自检”，并没有留传后世的野心。等她去世后，这本书才被呈奉给皇上。唐太宗看后痛哭不已，给身边的臣子看，说：“后此书可用垂后，我岂不通天命而割情乎！顾内失吾良佐，哀不可已已！”

自醒的目的，是为了更加清醒地面对现实的人生。当初，李世民预备起用妻兄长孙无忌来辅政的时候，长孙皇后就坚决地表示反对。因为她认为这样会重蹈汉代吕、霍的覆辙，使朝廷和自己的家族都卷入本可避免的政治漩涡里。后来，在她病情渐有不起之势时，太子李承乾建议奏请大赦囚徒，度人入道，为母后祈福。可她坚持不许，因为她清醒地知道“死生有命，非人力所加。若修福可延，吾素非为恶。若行善无效，何福可求”。她深明大义，终不愿因为自己而乱了国家的法度。就是在弥留之际，她尚殷殷嘱咐唐太宗善待贤臣，不要让外戚位居显要，并请求死后薄葬，一切从简。但这一次，皇帝没有听她的话，他下令建筑了昭陵，气势十分宏伟，并在墓园中特意修了一座楼台，以便皇后的英魂随时凭高远眺。他以这种方式来表达自己对贤妻的敬慕和怀念。

她匆匆地走完了36年的人生历程，虽然短暂，但并不影响她的完美。在她当皇后时，朝野上下是一片赞声，便是后世，史家也给予她“乾坤辅佐之间，绰有余裕”的高度评价。

有一个有趣的细节，在《观世音经信笺注》中所载，长孙氏小字“观音婢”，那么，这是民间善意的附会还是奇特的巧合呢？我们不得而知。我们只需记得，历史的长河里，一位菩萨心肠的皇后，曾经留下永久的感动和温暖的传奇。

正如《剑桥中国隋唐史》中总结的那样：“贞观之治”的

概念一直是有力的政治象征，不仅终唐之世如此，而且对整个中国历史说来也是如此。它甚至可以成为蒙古的忽必烈、清朝的乾隆和日本的德川家康的政治样板。那么贞观之治象征什么呢？“象征着君明臣贤；文治武功皆有可观；还比较隐蔽地象征了操控历史话语的士大夫们所信奉的政治理念最大限度地得到实践的机会。其中最重要的是帝王对个人欲望的克制，这也就意味着生活上朴素和政治上纳谏。”

那么，怀念这个时代的同时，不要忘了，创造这个神奇时代君王的背后，还有一位伟大的女性——长孙氏。

美人地理

昭陵　昭陵是唐朝第二代皇帝李世民的陵墓，是陕西关中“唐十八陵”中规模最大的一座，位于礼泉县城东北 20 多公里处。陵园周长 60 多公里，总面积 2 万余公顷，陪葬墓 180 余座，被誉为“天下名陵”和世界最大的皇家陵园。从唐贞观十年（636 年）太宗文德皇后长孙氏首葬到开元二十九年（741 年），昭陵陵园建设持续一百多年，地上地下遗存了大量的文物。

文成公主

——来自大唐的『天使』

文成公主，唐宗室之女。贞观十五年（641年），唐太宗将其嫁于吐蕃赞普松赞干布，从此，吐蕃与大唐结盟，『甥舅一家亲』。文成公主入藏时，带去大批书籍、药材、蚕种和许多吐蕃没有的谷物、果品、蔬菜的种子。文成公主于唐高宗永隆元年（680年）病逝，藏族同胞亲切地尊称她为『救助度母』。

她为何要下嫁吐蕃？

文成公主下嫁吐蕃的松赞干布，并非出于她的本意，而是缘于唐王朝的边疆政策。唐朝初期，趁“中国新定”，周边诸多少数民族政权不断侵扰发难，“边患纷争”实为中央政府最头痛的问题之一。若要根除边患，不外乎两种办法，或是“发兵殄灭之”，或是“与之婚姻”（即和亲）。两者相权取其轻，对刚刚安定的唐王朝来讲，“和亲”不失为一种好的缓解策略和解决办法。对此，唐太宗也有着清醒的认识。他知道，若以战争手段解决，痛快是痛快，可“兵凶战危”，不见得有好结果。而采用和亲政策，虽有些不痛快，可为天下百姓计，“苟可利之，何爱一女！”正是基于这种考虑，在“用兵”时机不成熟的前提下，唐太宗曾先后将弘化公主和新兴公主分别嫁给吐谷浑王和薛延陀的大汗。

这个时候，吐蕃的赞普松赞干布势力日渐强大。当时的松赞干布还很年轻，也就十七八岁的年纪，听说突厥和吐谷浑“皆尚公主”，很是羡慕，便在贞观十年（636年）派使者带着大量金银珠宝，向唐太宗“奉表求婚”。然而唐太宗不知出于什么考虑，竟没有依允。根据《旧唐书》等史料记载，可能是缘于吐谷浑王的挑拨离间。想来也能理解，吐谷浑王对于这位野心勃勃的“强邻”，自然不会有什么好感，他大概也不愿意看到吐蕃同样成为大唐的驸马，从而使自己失去重要性。

吐谷浑王的“小动作”大概做得很到位，大唐的接待工作也“礼遂衰”，这都使得吐蕃的使者很不舒服，回到吐蕃后向松赞干布添油加醋地诉说了一番，惹得年轻气盛的松赞干布大怒，遂发兵攻打吐谷浑，据其南境；接着又进击党项、白兰诸羌，

阎立本（唐） 步辇图

此图描绘贞观十五年（641年）唐太宗李世民接见来迎娶文成公主的吐蕃使者禄东赞的情景。

然后亲自领兵二十余万，直逼唐之松州（今四川松潘），说是“来迎公主”，并威胁说：“若大国不嫁公主与我，即当入寇。”一代英主唐太宗岂能被这“逼婚”的架势吓倒？遂派大将领兵骑五万，“击之，斩千余级”。松赞干布“大惧”，知道不是大唐的对手，遂“引兵而退，遣使谢罪”。这位可爱执著的藏王，率兵侵扰的目的太过单纯，也就想给自己娶个大唐的公主做媳妇。不甘心的他，又派出能说会道的禄东赞（吐蕃的宰相），带着“黄金五千两，宝物珍玩数百件”的厚礼，到长安再次请婚。“雅有节制”的禄东赞果不负赞普厚望，一番对答，“进对合旨”，令唐太宗很是欣赏，婚事也就自然而然定了下来。

贞观十五年（641年），唐太宗将宗室女文成公主嫁于松赞干布。并派礼部尚书、江夏郡王李道宗主婚，“持节送公主于吐蕃”。松赞干布终于如愿以偿，非常高兴，亲自率部属到柏海（今青海扎陵湖鄂陵湖）迎接。从此，吐蕃与大唐成为“甥舅一家亲”，换来“数十年间，一方清净”的良好局面。

文成公主幸福吗？

首先必须肯定的是，文成公主嫁给了一位英雄。

松赞干布是吐蕃王朝第32代赞普，他本名叫弃宗弄赞，松赞干布是后人对他的尊称，意为深沉宽厚、杰出能干的男子。

文成公主像

《旧唐书》赞他“性骁武，多英略”，他“弱冠嗣位”。面对父王被人毒死、内部诸族纷纷举兵叛变、西部的羊同部落乘势入侵、苏毗旧贵族预谋“复国”的严重局势，他沉稳果敢，以强硬手段应付叛乱。经过3年征战，终于稳定了局势，再次恢复了吐蕃的统一，建立了东与大唐相接、南至婆罗门（印度）的强大吐蕃王朝。

身为英雄和藏王的松赞干布，身边自然不缺女人。除却芒妃墀嘉、象雄妃勒托曼、木雅茹妃嘉姆增三个藏族妻子外，他还在迎娶文成公主的前一年，娶了尼泊尔的墀尊公主为妃。松赞干布迎娶文成公主时，风华正茂，年仅25岁，当时的文成公主正值二八芳龄，从年龄上判断，两人应该还算般配。虽然已经有了前面的几个妻子，松赞干布对于这位大唐公主依然极其宠爱，在五名妃子中唯独给她加了“赞蒙”（王后）的封号。他曾说过：“我父祖未有通婚上国者，今我得尚大唐公主，为幸实多。”欣喜之情，溢于言表。由于当时的藏民族还习惯住在黑色牦牛毛编织成的帐篷中，考虑到文成公主住不惯，松赞干布还特地在拉萨玛布日山（今布达拉山）为文成公主修建了城池和宫室。

史书上记载着一个有趣的细节，那就是李道宗为其主持婚礼时，松赞干布“叹大国服饰礼仪之美，俯仰有愧沮之色”。由此可见当时他已经被大唐高度发达的文明深深折服了。所以后来文成公主不喜欢当时藏人“赭面”的习俗，他马上就下令在全国禁止。大概也是受文成公主的影响，松赞干布“渐慕华风”，脱去“毡裘”的衣裳，改穿绫罗绸缎制成的唐装了（直至近代，西藏的高级官吏仍戴源自唐代进士的金翅白纱帽）。另外，他还派吐蕃的贵族子弟“留学”长安，学习《诗》、《书》等汉学典籍，并请来中原文士掌管其表疏。和这样通情达理、好学上进的藏王相处相爱，文成公主应该算是幸福的吧。

遗憾的是，他们相爱不到9年（一说3年），松赞干布便不幸病逝。更令人遗憾的是，可能是环境气候和身体素质的原因，文成公主也没有子嗣。所以松赞干布去世后，文成公主又一个人孤独地在藏地生活了30年，直至唐高宗永隆元年（680年）病逝。这30年里，关于文成公主的事迹，正史上没有文字记载，只是后来的一些高僧传记里有零星记载，说是唐时走唐蕃古道到印度取经的一些和尚曾受过她的款待。想来，这样做是缘于她太过寂寞的原因吧。在她有生之年，对于中原故土的思念和眷念，也就只能寄托在路过的苦行僧身上了。偶尔聆听风尘仆仆的乡音，便是片刻，对她而言，也算是莫大的幸福了！

传播大唐文化的使者

文成公主去世后，过了30年，唐中宗准备将大唐的第二位公主——金城公主下嫁给吐蕃的赞普。中宗曾制诏总结唐的和亲政策，并夸赞“自文成公主化往，其国因多变革”。这句话一点都不夸张。文成公主不但成功地改造了自己的夫君松赞干布，同时也极大地影响和改变了藏区的社会面貌和生活状况。

据史料统计，文成公主入藏时，除却带去宝贵的释迦牟尼12岁等身佛像和大量珍宝绸缎为嫁妆外，还特地带去了360卷经书典籍，其中有历算卜筮典籍300种，能治404种疾病的医方100种、医疗器械6种、医学论著4种、营造和纺织等工艺著作60种（一说是24种），另外，还有多种食物、饮料、宝器、服饰以及蔓菁等农作物种子。除此之外，松赞干布在文成公主的聪明指点下，一方面“走出去”，派遣大量贵族子弟到长安学习，历算、医学、经史等，无所不包；另一方面“请进来”，请求唐王朝以政府的名义，派遣蚕桑、碾磨、造纸、酿酒、雕刻、制墨等工艺匠人进藏，从而极大地促进了吐蕃经济的发展和社会的进步。

青海日月山前的文成公主雕像

按《西藏王统记》里的说法，文成公主不仅为西藏带来了茶叶，而且配以奶酪和酥油的“酥油茶”，也是由文成公主发明创造的。西藏山南地区，至今还流传着一首《公主带来龙纹杯》的民谣，歌中唱道：“龙纹茶杯啊，是公主带来西藏，看见杯子啊，就想起公主慈祥的模样……”由此可见，当年文成公主除却带来茶叶之外，还带来了茶杯、茶具等饮茶用具。而在西藏民间传说中，文成公主带来的还远不止这些。水磨技术、纺织技术以及酿酒技术，也都是由这位传奇的公主带给西藏人民的福祉。

在民族传说中，和文成公主有关的流传最广也最有影响力的便是文成公主在拉萨修建大、小昭寺的故事了。也正是文成公主带来了唐朝先进的建筑技术和大批熟练工匠，才使得大、小昭寺得以修建成功。按《教法史》的说法，在墀尊公主建大昭寺失败后，大、小昭寺都是由文成公主主持修建的，两寺同日开工、同日建成、同日开光。当然，民间传说文成公主通晓堪舆之术，帮墀尊公主施法震魔，那只是一种夸张的说法了。

文成公主除修建了大、小昭寺外，藏地其他的佛教建筑，如佛塔、石狮、大自在神像、大鹏金翅鸟、白海螺等，也都与她有关。正是在她的努力下，佛教才开始在雪域高原上扎根开花。当然，这种说法有善意夸张之嫌，可由此能看出文成公主在藏族历史上的影响力巨大。如今文成公主的名字在西藏民间依然是家喻户晓，老百姓亲切地尊称她为“救助度母”（“度母”，意即菩萨），以此表达对她和她所带来的变化的感恩。

如今，大昭寺的配殿里依然尊奉有她的塑像，墙上绘有关于她的壁画，香火都很旺盛，拜者很是虔诚。香魂归于这片“高国洁地”的文成公主，在藏族同胞虔诚的信仰里，已由“人主”变为“天神”，应该不会再烦恼、再孤独了吧。

当年，她有佛祖的护佑，如今，她也升华为“神”，和佛祖一起护佑这片美丽的土地和善良的人民。雪域高原的蓝天白云，曾见证过这一切，也相信这一切。

武则天

——睿智刚烈的女皇

武则天（624—705），名曌，并州文水（今山西省文水县）人，唐初工部尚书武士彠的女儿。14岁时，她因相貌出众，被唐太宗召入宫，命为才人，赐号武媚，人称媚娘。后成为唐高宗李治皇后，参与朝政，载初元年（690年）废睿宗，自称圣神皇帝，改国号为周，改元天授，史称武周。

她是一个美丽的尤物，一个带刺的尤物。中国历史上，唯有她，曾经让天下男人彻底臣服，她造就了一段不朽的历史传奇，留下了诸多可歌的人生演绎。

禀赋非凡的小媚娘

这个女人不简单。

她叫武则天，山西人，职业是中国历史上唯一的女皇帝。

她的父亲武士彟，是隋末山西的木材商，颇好交结。当年，唐高祖李渊太原起兵时，行军至汾、晋之间，常在他家休息，后来他就随高祖入长安，官至工部尚书，封应国公。她的母亲杨氏，是隋朝宗室宰相杨达之女，42 岁时嫁给武士彟做继室，生有三女，武则天是次女。

贞观二年（628 年），武士彟被调出长安出任利州（四川广元）都督。她的少女时期便在那里度过。后来，父亲去世，同父异母的兄长对她们母女很刻薄，因此武则天在长安和姐妹、母亲有过一段很艰难的生活。14 岁时，太宗“闻其有色”，于是召入宫，封为才人，赐号武媚，人称媚娘。史载，武则天入宫时，母亲杨氏伤心恸哭，媚娘倒显得自如，反过来安慰：“见天子焉知非福。”可见她一方面厌恶压抑受欺的生活，一方面也怀有“出人头地”的抱负。

可是，在“宫门一入深似海”的皇宫里，要出人头地，又谈何容易呢？因为唐初士族力量还很强大，门阀观念依然根深蒂固。当年她的父亲武士彟娶她母亲杨氏，正是看中了她陇右望族的高贵出身。只可惜她是再嫁，又是继室，无法提升武则

武则天像

天的地位。与皇宫里门第高贵的妃嫔相比，武则天自然显得出身寒微。作为一个半宫妃半侍女的五品才人，武则天在宫里的生活可想而知。那些取笑和欺辱，肯定深深刺激了她，从而养成了刚烈狠辣的性格。

有一个著名的故事最能说明她的这种性格。据说这个故事是她 76 岁时，回忆往事，亲自讲给大臣听的。她说她当宫女的时候，唐太宗有一匹烈马，名叫狮子骢，性暴难驯。一天，武则天自告奋勇说她能驯服。太宗问她驯技。她说只需三样东西，一铁鞭，二铁锤，三匕首。先用铁鞭子抽它；不服，就用铁锤猛击它的头；再不服，就用匕首刺断它的咽喉。太宗听了大为赞赏，说“壮朕之志”。

十多年后，唐太宗李世民驾崩，按照唐制，媚娘和其他宫女一起被迫入感业寺削发为尼，时年 26 岁。后遇上高宗李治，深受喜欢，得以再次入宫，先被拜为昭仪，后又进号宸妃。在后宫与皇后王氏、良娣萧氏争宠过程中，我们再一次见识了她在钩心斗角方面的非凡禀赋。而最著名的事件，便是后世极力渲染的亲手掐死亲生女儿然后嫁祸皇后一事。关于她“振喉绝襁褓之儿”的阴谋，《旧唐书》没有专门记录，《唐会要》上也只是简略记载：“昭仪所生女暴卒。又奏王皇后杀之。”而在几百年后的《新唐书》和《资治通鉴》上倒有详细生动的记述。只是不知这等隐秘之事史官何以知晓？千古疑案，今人自然无法洞悉。不过，根据武则天的性格和所作所为来看，这样的事她也不是做不出来。

与皇帝平起平坐的天后

登上皇后宝座后，她“通文史，多权谋”的长处终有了施展的机会。一个小女子，对于国家大事常能发些高论，而且有条有理，批阅起奏章也是有模有样，这使得本来就厌倦政事的高宗在对她宠爱之余，更是另眼相看。

从此，她以皇后的身份积极参与朝政，“百司奏事，时时令后决之”。她处理政务有章有法，也甚为群臣敬服。同时，她也一步步清除了自己的政敌，“黜陟生杀，决于其口，天子拱手而已”。后来，高宗患上“风疾”，目不能视，遂下诏委托武后协理政事。武后虽人在幕后，却遥控朝廷实权。这时高宗有些后悔，图谋收回大权，便密令中书侍郎上官仪起草诏书废后。不料武后眼线众多，很快得知此事。于是，谋泄不果，上官仪也白白搭上了性命。

虽然高宗厌其独行独断，可许多国家大事又不能不倚重她。这样，武后就逐渐从幕后走向前台，一直到后来与高宗同临金殿，一起接受群臣朝拜。上元元年（674年），高宗号“天皇”，武后号“天后”，天下人谓之“二圣”。高宗形同虚设，唐朝权柄尽在武后掌握之中。“自此内辅国政数十年，威势与帝无异”。

她天生就是当政治家的料，无论政治手腕，还是施政手段，都算一流。高宗在位时，她就曾上疏建言12事，其中有劝农桑、薄赋敛、息干戈、禁淫巧、省力役等进步的主张，高宗皆略施行之。后来，她还亲撰《臣轨》一书，作为天下臣民的政治读本。另外，她还曾亲自主编了一部农书，名曰《兆人本业记》。书中，她强调“建国之本，必在务农”，“务农则田垦，田垦则粟多，粟多则人富”。正是因为抓住了经营一个庞大农业帝国的经济根本，才使得唐帝国在她手里得以繁荣、稳定地发展。据当时统计，她当政之初，全国户数为380万户，而到了她临终的神龙元年（705年），已经增长到615万户，几乎增长一倍。耕地面积也不断扩大，史载当时高山深谷中也有耕种的人群。而米价便宜的地方，一斗只要5钱，从而出现了“海内富庶”的局面。由此看来，史家赞扬她上承“贞观之治”，下启“开元盛世”，也是比较公允的。

软硬兼施的夺权之路

从655年当皇后参决政事起，到705年退位，武则天触摸大唐帝国的最高权力达半个世纪之久。她的目标和野心很大，就是做前人未做甚至未敢想的事——做个女皇帝。虽然做皇帝是一件很有前途的职业，可做皇帝难，做好皇帝更难，做好女皇帝更是难上加难，除却睿智头脑和聪明才干外，还要有不一般的铁血心肠和灵巧手腕。

在她一步步把自己推上皇帝宝座的过程中，最能见识到她的过人心智。她一手很“硬”，先是把自己的两个儿子两废两立，随意耍弄，而且对于所有政敌及潜在的对手（主要是李姓宗室诸王，包括她亲生的儿子）都毫不留情地除掉。《旧唐书》记载：“自是宗室诸王相继诛死者，殆将尽矣。其子孙年幼者咸配流岭外，诛其亲党数百余家。”同时，为防宫中政变，她还将羽林军“百骑改为千骑”，加强对百官的威慑。她另一手又很“软”，在加紧夺权的几年时间里，她频繁改元（四年改了四次），然后以此名义“大赦天下，赐酺百姓”，借此机会收买民心。也就是说，她让国家埋单，请老百姓聚宴喝酒。动不动就是四五天甚至八九天由官府宴请大吃大喝，老百姓当然高兴，自然也拥护这样的皇帝。史料统计，在她称帝的16年里，改元18次，“大酺”的次数也有14次之多。看来，早在1400多年前，她就已经懂得“拉选票”的工作有多重要。

另外，她还懂得巧妙地操纵、利用舆论的力量。垂拱四年(689年）四月，她的侄子武承嗣伪造瑞石，上面刻着“圣母临人，永昌帝业”，利用“天意”为她登基大造社会舆论。第二年七月，又有沙门十人伪撰《大云经》，先是说什么“汝于尔时实为菩萨，为化众生，现受女身”，后面甚至露骨地宣称：“尔时诸臣即奉此女以继王嗣。女既承正，威伏天下。”接着又一手导演了以唐睿宗为首的6万臣民上表劝进、请改国号的壮举。既然老天、菩萨都迫不及待地发言了，群众的呼声又这么高，那武氏“称帝”也就刻不容缓了。两个月后，武后在“上尊天示”、“顺从众议”的“万岁”声中，“革唐命，改国号为周”，改元“天授”，终于当上了梦寐以求的“圣神”皇帝。

有意思的是，她还独创了一个“曌”字作为自己的名字，除却表达自己的无上尊贵外，可能还有一层“君权神授”、光明正大的意思吧。

女皇的铁腕执政

平心而论，武则天是一个好皇帝。她执政约50年，上承“贞观之治”，下启“开元盛世”，实在是一件了不得的事情。这也都得益于她成熟的施政手段和深远的政治眼光。

在施政方面，她颇有创建。一方面，她在宫城南面的南

龙门石窟的大卢舍那佛像

这尊佛像被塑造成一个中年妇女的形象，据说是以武则天为原型。

衙，照例任用三省的宰相处理国务，另一方面又在宫城的北门内召集一批文学之士（史称“北门学士”）做国家元首的顾问团，以便集思广益，参议国事，这就好比现代西方国家总统的高级智囊团。同时，她还别出心裁地在皇宫前设置意见箱（即“铜匦”），广开言路，“由是人间善恶事多所知悉”。

对人才的选拔和任用，她一直非常重视，也颇有建树。为了网罗人才，她开创性地设立“自举”制度，凡是内外九品以上的官员都可以自己举荐请求升官。在她正式当皇帝的那一年，又第一次设立了“殿试”制度，选拔“天子门生”，培养国家人才。在她晚年，文举之外增设武举，选拔将帅之才。如中唐名将郭子仪，便是“自武举异等出”。值得一提的是，为了加强边远的五岭及贵州一带的文化教育，还特地出台了“扶持政策”，史称“南选”。根据陈寅恪的研究，在武则天执政之前，李唐的文武大臣多是“关中本位政策”下所结集团之后裔。其他地方的士子，纵是有才也遭摒弃，难以上升朝列。后来武氏当政，大崇文章之选，破格用人，才使得朝廷的人才真正开始来自“五湖四海”。“武周之代李唐，不仅为政治之变迁，实亦社会之革命”。可见，武则天对科举制度的规范和完善，对后来唐朝的繁荣有着极其重要的意义。

当时著名的宰相狄仁杰，常常直言不讳，武则天都虚心采纳，还亲自在他袍子上题字，以示勉励。后来宋太祖赵匡胤都赞曰：“则天，一女主耳，虽刑罚枉滥，而终不杀狄仁杰，所以能享国者，良由此也。”当年骆宾王写《讨武曌檄》，骂她“入门见嫉，娥眉不肯让人；掩袖工谗，狐媚偏能惑主”，又骂她“杀姐屠兄，弑君鸩母。人神之所同嫉，天地之所不容”，可谓尖刻至极，可她看了不恼不躁，反而赞赏骆的文才，还叹说人有如此才，不用可真是朝廷的过错。

虽然她一再主张“息兵，以道德化天下”，可若是有外来入侵，她也绝不手软。安西四镇（即碎叶、龟兹、于阗、疏勒）自垂拱二年（686年）起便为吐蕃所占。武则天不甘心失土，便于长寿元年（692年）遣王孝杰等大破吐蕃，收复安西四镇，复置安西都护府于龟兹。随后，又在庭州设置北庭都护府，巩固西北边防，打通了一度中断的通向中亚地区的“丝绸之路”。

在她施政时期，她一直坚持边军屯田的政策。史书记载，天授年间，娄师德检校丰州都督“屯田积谷数百万，兵以饶给”；大足元年（701年），郭元振任凉州都督，坚持屯田五年，“军粮可支数十年”。这种大范围的长期屯田，不但对边区开发、减轻人民转输之劳有益，而且对巩固边防、加强军备有非常积极的作用。

当然，作为一个政治家，她也有冷酷和残忍的一面。为了扫清做皇帝的道路，她“敢于肆毒与罗织诛杀宗室大臣几尽者”。她任用索元礼、周兴及来俊臣等一班酷吏，采取严刑峻法，大肆诛杀异己，相继诛杀唐宗室数百人、文武大臣数百家、地方将吏几千人，其中有许多是无辜的受害者。不过，我们必须正视一个事实，那就是虽然她“肆行诛杀”，可当时号为贤士的，如狄仁杰、徐有功、朱敬则、宋璟等，都被重点保护起来；而所宠幸的邪恶之人，一旦失去利用价值，都被毫不留情地除掉。可见，她是一位很清醒的明君，“其与庸君远矣”。

千秋功过任评说

身为女人，她面对的最大难题便是皇权的继承问题。她明白，她的血脉延承，终要回归于李家，她也只能入李家宗庙享子孙祭祀，也就是说，她终是李家的人。于是，她在临死的时候，去了帝号，改称皇后。在人生的最后关头，她还是放弃了女性的独立，回归到了男权社会，这在当时是必然的，她必然要这么做。

这位独一无二的女皇帝去世后，她的子孙对她的评价一直是小心翼翼、克制有加。如那个被立了又废、废了又立的儿子李显（唐中宗）曾心情复杂地下诏夸赞："在朕躬则为慈母，于士庶即是明君。"而她的另一个儿子李旦（唐睿宗）诰称"运光五圣"，将她列入其中。到了她的孙子唐玄宗那一朝，李白的《上云乐》诗称"中国有七圣"，也还包括她。便是她去世75年后，唐德宗还是夸则天皇后"聪明睿哲，内辅时政，厥功茂矣"。

也许对于李氏子孙而言，心里依然存有芥蒂；可对后世来讲便无所顾忌，可以恣意评说了。《旧唐书》遵循《春秋》笔法，说"不没其实，所以著其大恶而不隐"；而《新唐书》则坚持"辩证法"，既指责武氏的私德大有问题，"挟天子威福，胁制四海"，"逐嗣帝，改国号"，是莫大之罪，又坦承武氏政绩不错，说她"赏罚己出，不假借群臣，僭于上而治于下，故能终天年，阽乱而不亡"。而《资治通鉴》就有点不厚道了，司马光刻意搜罗武则天的弊政材料，尤其对酷吏事叙述最详，寓贬于叙事，足见司马温公对其的好恶。不过，书中也肯定了武氏明察善断，赏罚非明，使得"当时英贤亦竞为之用"的功绩。

对于读书人来讲，谈古论今是他们的强项和偏好，因此对于这位女皇帝就有着更多的讨论和看法。许多人看不惯武氏"以女统男"，想不通世道"以男事女"，于是便恨恨地骂，如宋时的孙甫曾在《唐史论断》中骂武氏"恣行凶虐，毒流内外"，明末王夫之骂得更甚，说武氏是"嗜杀之淫妪"，有"滔天之恶”，还说“鬼神不容，臣民共怨”，真恨不得穿越时空，拔剑杀了她。到了清代，读书人火气更盛，简直就是没有风度的泼骂了：骂武氏是“匹妇”，指责她所犯的罪孽“真千古未有之忍也”。在清人所编《纲鉴合编》、《通鉴御批辑览》之类的史书里，无不充斥着类似攻击、漫骂的言辞。

当然，也有心平气和、持赞赏意见的。南宋文学家洪迈就认为武则天“使其生为男子”便可比汉武帝。明代思想家李贽更是赞不绝口：“试观近古之王，有知人如武氏者乎？亦有专以爱养人才为心，安民为念如武氏者乎？”清末大儒王闿运则叹道：“武氏以一妇人而赋雄才，非易唐为周，固不足以伸其气”。

在她与高宗合葬的乾陵前，有她授意立放的无字碑。她的本意，也许就是千秋功过任人评说吧。史官有史官的看法，读书人有读书人的态度，而老百姓也自有他们的观点。譬如在民间，乾陵被称作姑婆陵，老百姓津津乐道的也是这位女皇帝，而不记得陵里还有一位姓李的高

乾陵的“无字碑”

宗皇帝。无字碑上还留有一首明代的题诗："乾陵松柏遭兵燹，满野牛羊春草齐。唯有乾人怀旧德，年年麦饭祀昭仪。"谁让老百姓过好日子，老百姓就记得谁。他们心里的这杆秤，倒是比史官的笔、文人的嘴要公平许多。

她是中国历代有影响的美人当中，最不像女人的一个。她一生的追求，都超越了女性生理和心理的局限。她要的就是一种与男性绝对平等的权力和可能。她以她的智慧和手腕，实现了她的目标，成为中国历史上的唯一。对她，只有无言的敬重，外加一点怅然的感叹。

美人地理

武则天庙　位于山西省文水县城北五公里处的南徐村北面。它西傍吕梁山，东靠文峪河，是一处山清水秀的名胜地。中轴线上从北到南有正殿、乐楼、雕像、山门；两翼建筑有偏殿、配殿、碑廊、鱼池、回音亭等三十多间殿宇，占地面积约 26000 平方米。

乾陵　乾陵位于西安西 85 公里的乾县梁山上，是唐高宗李治与女皇帝武则天的合葬墓，以山为陵，海拔 1049 米，呈圆锥形，规模宏大，气势雄伟，是唐陵中具有代表性的一座，陵园面积 240 万平方米。

杨玉环

——简单纯粹的女人

杨玉环（719—756），号太真，蒲州永乐人，唐玄宗李隆基的贵妃。杨氏姿质丰艳，善歌舞，通音律。开元二十二载（734年）她被册立为李瑁的妃子，后又受令出家，天宝四载（745年），杨氏正式被玄宗册封为贵妃。天宝十五载（755年），安禄山发动叛乱，玄宗西逃四川，杨氏在马嵬驿死于乱军之中。

这位以胖为美的杨贵妃，是最简单的美人、最幸福的美人，也是最令人感慨的美人。

《千秋绝艳图》中的杨贵妃形象

她真叫玉环吗?

大名鼎鼎的杨贵妃，芳名是什么？这是个有趣的问题。

《旧唐书》与《新唐书》里没写，《资治通鉴》里也没有明确记载，《长恨歌传》只说她是“杨玄琰女”。唐大中九年(855 年)，也就是杨贵妃死后大约 100 年，郑处诲编撰的《明皇杂录》里才第一次提及：“杨贵妃小字玉环”。后人沿用至今。对此，有一种不同的说法，郑嵎的《津阳门诗注》里说：“玉奴，太真小字也”。郑处诲和郑嵎都是唐人，生活年代也差不多，而且都是进士出身，所以他们的说法都有可信的理由。当然，也可能这两个名字都属杨美人，一个是真名，一个是昵称。

不管杨贵妃叫什么，那个叫李隆基的老男人都喜欢。说他是老男人，一点不假，开元二十八年（740 年）两人第一次见面时，杨氏才 22 岁，而他已经 56 岁了。老是老点，可他是皇帝，所以能够为所欲为。他不但不管她叫什么，而且也不管她嫁没嫁人，甚至都不考虑她嫁的是自己的儿子，只要他喜欢，便一定要夺过来。

唐玄宗看上杨玉环时，她已经嫁给寿王李瑁差不多五年了。唐时宫廷“胡风”盛行，老子抢儿子的媳妇，好像也不算稀罕事，“爱情面前人人平等”嘛，所以也没有卫道士哭闹着向皇上谏劝什么“人伦之理”。但这毕竟不是一件光彩的事，为了给天下人一个交代，唐玄宗还是做了一些台面上的工作。譬如先是打着孝顺的旗号，下诏令她出家做女道士，说是要为自己的母亲窦太后荐福，并赐道号“太真”，让杨玉环搬出寿王府，住太真宫。这样做也是为避人耳目，方便他们偷情。好不容易熬过五年，玄宗先是很正经地尽了一把“父亲之责”，为寿王李瑁娶韦昭训的女儿为妃，紧接着就迫不及待地将杨氏迎回宫里，并正式册封为贵妃。杨玉环不仅长得漂亮，歌舞俱佳，而且很是聪明，善解人意，简直就是皇上的贴心“小棉袄”，玄宗自然极为喜欢。不久，杨玉环便专宠后宫，使得“六宫粉黛无颜色”，当时宫中称她为娘子，一切待遇（仪体规制）也都是皇后级别。

唐玄宗像

对此，唐人李商隐有话要说。他在《骊山有感·咏杨妃》里写道：“骊岫飞泉泛暖香，九龙呵护玉莲房，平明每幸长生殿，不从金舆惟寿王。”看来寿王真是郁闷至极、尴尬到家了。但玄宗不顾人伦，依然要夺子所爱，那就只能感叹杨玉环的美色太有诱惑力了。不过，根据常理推断，已步入老年的唐玄宗宠爱杨贵妃，可能不仅是贪图美色和床笫之欢，更是将她当作生活体贴入微、凡事知心解意、犹能迎合自己嗜好的精神伴侣。

如《旧唐书》所述：“太真姿质丰艳，善歌舞，通音律，智算过人，每倩盼承迎，动如上意。”而《新唐书》里的评语也大致相同，只是很含蓄地加了“遂专房宴”的提示。后世诸多文学作品，极尽意淫之能事，一味放大贵妃“以色邀宠”的本领，我以为有高估唐明皇生理功能之嫌。当然，再老的男人，

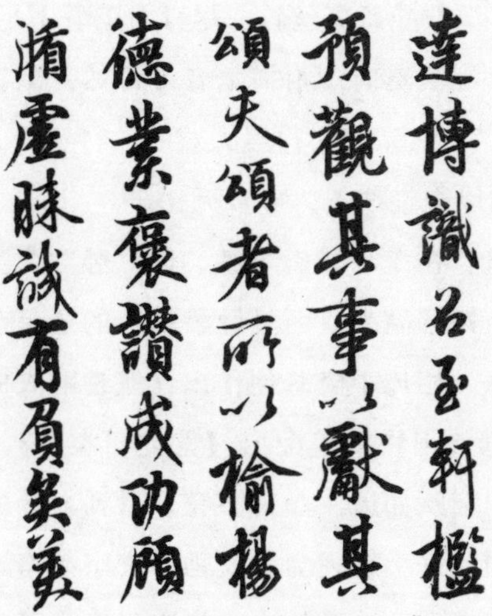

唐玄宗李隆基的书法

对美色还是很受用的，何况这位美人儿长得如天仙一般。

《霓裳羽衣曲》是她写的吗？

杨玉环除却容貌出众，更令玄宗神魂颠倒的是她高超的音乐舞蹈艺术修养。史载她“善歌舞，通音律”，而玄宗也有同好，这就难怪他会将她视为自己的艺术知音和精神伴侣了。这一点，从他“朕得杨贵妃，如得至宝也”的欣喜语气里便可知。

唐玄宗熟悉音律，对曲乐、舞蹈都颇有研究，不少贵族子弟在梨园都曾受过他的训练。《旧唐书》里记载，玄宗曾组建过“宫廷乐队”，选拔子弟300人，宫女数百人，招呼他们作指导。对于这样很有才情的“艺术”帝王，精通音律的杨玉环自然显得格外有魅力。据说有一次，玄宗倡议用内地的乐器配合西域传来的5种乐器开一场演奏会，贵妃积极应和。当时贵妃怀抱琵琶，玄宗手持羯鼓，轻歌曼舞，昼夜不息。对此，有白居易诗为证：“缓歌曼舞凝丝竹，尽日君王看不足。”杨玉环还是个击磬高手，她演奏时“拊搏之音泠泠然，多新声，虽梨园弟子，莫能及之”。玄宗为讨得美人欢心，特意令人以蓝田绿玉精琢为磬，并饰以金钿珠翠，珍贵无比。

我们都知道，杨玉环体态丰腴，以“胖”为美，可这并不影响她成为一个舞蹈高手。而且她最精通的还是节奏很快、身姿灵巧的胡旋舞。相传李隆基创作出《霓裳羽衣曲》后，杨玉环只是稍加浏览，很快就编配出《霓裳羽衣舞》，然后依韵而舞，身段飘摇，翻跃如风，非常漂亮。看到心爱的贵妃对自己的乐曲领悟力如此好，表现力如此强，玄宗兴奋不已，禁不住亲自为爱妃伴奏。在这个配舞中，杨玉环吸收了传统舞蹈的表现手法，又融合了西域舞艺的回旋动作，使得整个舞蹈飘忽轻柔，绰约多姿，与乐曲达到了完美无缺的和谐境界，成为唐代乐舞中的精品。这个舞蹈也因为贵妃的功劳，很快就成为宫廷舞蹈，为此还专门成立了宫女“培训班”，进行学习和演练。

《资治通鉴》记载：“上皇每酺宴，先设太常雅乐坐部、立部；继以鼓吹、胡乐、教坊、府县散乐、杂戏；又以山车、陆船载乐往来；又出宫人演《霓裳羽衣》；又教舞马百匹，衔杯上寿；又引犀、象入场，或拜或舞。”这种融舞蹈、音乐、杂耍、动物演出于一体的演出，可谓声势浩大，其中肯定少不了杨贵妃的主意。

她有可能尝到鲜荔枝吗?

《唐国史补》载：“杨贵妃生于蜀，好食荔枝。南海所生，

钱选（元）《杨贵妃上马图》

尤胜蜀者，故每岁飞驰以进。”关于这一“飞马献荔枝”的说法，最有名的莫过杜牧的《过华清宫》诗：

长安回望绣城堆，山顶千门次第开。

一骑红尘妃子笑，无人知是荔枝来。

对于这个说法，后人历来有不少质疑。一种说法是说玄宗只在冬春幸骊山的华清宫，而那个时节新荔枝还没成熟，所以批评小杜此诗“失实”。而陈寅恪的考证更为有力。他说：“据唐代可信之第一手资料，时间、空间，皆不容明皇与贵妃有夏日同在骊山之事实。杜牧、袁郊之说，皆承讹因俗而来，何可信从？”

我们不妨从常识入手来分析这个问题。众所周知，荔枝不易保鲜。白居易《荔枝图序》里就有“若离本枝，一日而色变，二日而香变，三日而味变，四五日外，色香味尽去矣”之说。蔡襄的《荔枝谱》则断言“虽曰献鲜而传置之速，腐烂之余，色香味之存者亡几矣，是生荔枝中国未尝见也”。持此看法的，还有曾巩的《福州拟贡荔枝状》，上述：“生荔枝留五七日辄坏，故虽岁贡，皆干而致之。”

再从“贡地”来看。有说来自南海，有说来自四川，也有“洛阳取于岭南，长安来自巴蜀”的“并进说”。而清代吴省钦干脆全盘否定，认为“涪之荔枝，妃固无由嗜之也”。就假定荔枝来自涪州，根据张岱《夜航船》的记载，“唐天宝中，贵妃嗜鲜荔枝。涪州岁命驿递，七日夜至长安，人马俱毙”，送至长安的也已经是“辄坏”的臭荔枝了。

综上所述，我们可以得到一个合理的推断，那就是除却杨玉环小时候在四川可能尝过鲜荔枝外，做了贵妃后的她是没有机会吃到新鲜荔枝的。也就是说，后人的诸多感叹，包括“七日夜至长安，人马俱毙”的恐怖想象，无非是“红颜祸水论”的褊狭思想作祟，美人也就是这样被“合理”歪曲、被口水淹没的。

她看得上安禄山吗?

关于杨贵妃的“秽事”，以司马光《资治通鉴》所载的“洗儿”之事影响最大、流传最广。司马温公书中如是说：“禄山生日，上及贵妃购衣服……召禄山入禁中，贵妃以锦绣为大襁褓，裹禄山……上自往观之喜，赐贵妃洗儿金银钱，复厚赐禄山……自是，禄山出入宫掖不禁，或与贵妃对食，或通宵不出，颇有丑声闻于外。”

司马温公学识渊博，治“史”严谨，可为了给帝王编一本好的“素质教育”教材，竟然腆着老脸，弃正史不顾，把污水往杨玉环身上泼。对此，许多人都看不惯。清代的《历代御批通鉴辑鉴》里曾明确地指出：“通鉴载……考此皆出《禄山事迹》及《天宝遗事》诸稗史，恐非实录，今不取。”清代著名学者袁枚更直接地为贵妃鸣不平：“杨妃洗儿事，新旧唐书皆不载，而温公通鉴乃采《天宝遗事》以入之。岂不知此种小说，乃村巷俚言……乃据以污唐家宫闱耶？”而关于《天宝遗事》一书，早在南宋初，洪迈先生便指出其“固鄙浅不足取，然颇能误后生”。真是不幸言中，贵妃洗禄儿的讹传，竟被一位老学究公然放诸正史，一讹千年！

康涛（清）《华清出浴图》

那么实际情况是怎样的呢？

旧《唐书》杨贵妃传：“（杨妃）有姐三人，皆有才貌。

……并承恩泽，出入宫掖。”但牵出个安禄山来，则另有所据。李肇《国史补》云：“安禄山恩宠寝深，上前应对，杂以谐谑，而贵妃常在座。诏令杨氏三夫人约为兄弟，由是禄山心动。及闻马嵬之死，数日叹惋……”

这里需要解释的是玄宗为何要“诏令杨氏三夫人约为兄弟”。根据唐崔令钦《教坊记》记载：“坊中诸女，以气类相投，约为香火兄弟……儿郎既聘一女，其香火兄弟多相奔，云学突厥法。”如前所述，唐时“胡风”盛行，其实也是上古姊妹共夫风俗的遗存。杨氏三夫人全都结过婚，又不是皇帝的妻妾妃嫔，怎能随便“承幸”？那么三夫人只有按“突厥风俗”，以贵妃姐妹的名义“约为兄弟”，这样才可“并承恩泽”，名正言顺地和玄宗发生性关系了。因为当时是一种社会风气，所以杜甫才可以不避圣讳地写道：“虢国夫人承主恩，平明上马入金门。却嫌脂粉涴颜色，淡扫蛾眉朝至尊。”

然而，这种社会风气只是对皇权或者男性的纵容，对于女性并非如此，贵为皇帝的宠妃，更不可能也绝不允许随意出入宫掖。安禄山“心动”，只是羡慕唐天子的艳福罢了。而后来安禄山认小他20多岁的杨贵妃为干娘，只是讨好唐玄宗的无耻手段罢了。再看看患有严重肥胖症的安禄山本人，“……每行，以肩膊左右抬挽其身，方能移步。……禄山肚大，每着衣带，三四人助之，二人抬起肚……”退一万步讲，便是有偷情的可能，他这样之人，又凭什么来打动尊贵美丽的杨贵妃呢？

她究竟是如何死的？

李隆基也曾是一个雄才大略、开创“开元盛世”的明君，但在达到人生的顶峰时，骄奢心难免会代替求治心。特别是50多岁后，自己心爱的妃子离他而去，感叹生命无常，也渐渐对政治失去兴趣，后来在宰相与宦官的迎合下很快倦怠政事，任由李林甫等专权擅政，自己虽然落个清闲，却也埋下了祸根。可见，“从此君王不早朝”并非全因杨玉环。便是后来重用杨国忠，虽有讨好贵妃的原因，但主要还是为了牵制李林甫的专权。

但不论如何，皇帝迷糊了，帝国的灾难迟早会来。天宝十五载（755年）十一月，安禄山以讨杨国忠为名，行夺皇位之实，起兵反叛。不到一年的时间，叛军便逼近长安。于是，玄宗仓皇入川，途经马嵬驿（今陕西省兴平县西）时，军队哗变，逼玄宗诛杨国忠，赐杨贵妃自尽。

对于她的死，有多种说法。除却被缢死的主流说法以外，有说她血溅马嵬驿，殆于乱军之中；有说“使人牵之而去”，流落民间；更离奇的说法是杨贵妃逃亡日本或远走美洲。随着时间的推移，关于杨贵妃之死的传说愈来愈生动，当然，离史实也愈来愈远。

其实，从马嵬驿事变的形势来看，杨贵妃是非死不可的。缢杀之后，尸体由佛堂运至驿站，置于庭院。唐玄宗还召陈玄礼等将士进去验看。这一点在诸多史籍典册里都有明确的记载。

当这位美人的生命走到尽头时，传奇也到达了高潮。绝色美人终是香消玉殒，可香魂不散、故事不绝。诸多幽怨、诸多是非，还是去另一个世界里清算。对此，清人袁枚慨然写道：“到底君王负前盟，江山情重美人轻，玉环领略夫妻味，从此人间不再生。”

她本是一个非常简单的女人。她的生命历程也非常简单，除却“先嫁子后事父”的伦理尴尬外，她短暂的一辈子几乎就是痛快淋漓地做了一次被宠坏的女人。她就是一个天性快乐、单纯、没有心机的胖美人，她的眼里没有高高在上的皇帝，只有一个普普通通的男人，而她也只想好好做个女人。于是，她撒娇，她扮痴，她任性，她胡闹，因为她是真爱，所以她不顾忌规矩，不需要心机，但终赢得那个男人的心。她的成功，在于她懂得如何做一个纯粹的女人；她的失败，只在于她错生了时代。

美人地理

贵妃墓　在今陕西兴平县，占地3000平方米，墓侧有李商隐、白居易、林则徐等历代诗碑。

华清池　临潼骊山北麓有华清池，传为杨贵妃“春寒赐浴华清池，温泉水滑洗凝脂”的遗迹。其中以“贵妃池”最为著名，传为杨贵妃专用的浴池，故又称“妃子汤”，池侧有“凉发亭”，传为贵妃浴罢凉发梳头之处。

花蕊夫人

——丢江山的不是我

花蕊夫人，姓费，一说姓徐，后蜀后主孟昶的妃子，青城（今都江堰）人，因貌美如花蕊，故封为『花蕊夫人』。费贵妃于后蜀广政六年（943年）入宫。其知音律，善诗词，更兼聪慧，善解人意，深得孟昶喜爱。不久封为贵妃。花蕊夫人作《宫词》百首，词调华美，实难得之才女也。

这位美人，在老公把江山丢了之后，恨得如此痛心彻骨，怨得这般理直气壮，自此，“红颜祸水”论得以休矣！

她与她老公的骄奢生活

我们要讲的这位花蕊夫人，便是后蜀后主孟昶的费贵妃。

先说这位美人的公公，也就是孟昶的老爹孟知祥。那可是一位老虎级的英雄，深谋远虑，苦心经营，终于造出一个太平盛世来。传到小孟手上，已是“十年不见烽火，不闻干戈，五谷丰登，斗米三钱，都下仕女，不辨菽麦，士民採兰赠芬，买笑寻乐 ”，真可谓人间天堂。然而，这小子不争气，生下来就是一只只会发情的公猫，这也是没有办法的事。《五代史》记载，孟昶的骄奢是出了名的。当时宋军拿下成都后，把他的溺器（夜壶）献给宋太祖。这夜壶可不一般，“以七宝装之”，焉能不稀罕？由此可知这个混蛋君王的奢侈程度。

除却骄奢，这个孟后主把“荒淫”也发挥到极致。《五代史》记载“昶好打球走马，又为方士房中之术，多采良家子以充后宫”。所以他的后宫佳丽如云，据说除妃嫔之外，还另设了十二个等级。每当兴致来时，他便将后宫佳丽召至御前，亲自点选，拣那身材婀娜、姿容俊秀的，加封位号，轮流进御，其品秩比照公卿士大夫，每月香粉之资，皆由内监专司，谓之月头。而每到支给俸金时，因为宫人有数千之多，所以唱名发放，每人都要亲自到御床前亲手领取，名为支给买花钱。

而诸多美人中，孟后主最喜欢的便是“花不足以拟其色，蕊差堪状其容”的花蕊夫人——费贵妃了。当然，唯有一副好皮囊是绝对算不上绝色美人的。这位花蕊夫人不但貌美如花，而且才智过人，吹弹唱跳、谱曲编舞，都不在话下，尤善舞文弄墨、做诗应对，孟昶又偏好此风雅，这般尤物，岂能不爱？

唐寅（明）《孟蜀宫妓图》

冰肌玉骨叹流年

这孟昶虽是地地道道的昏君，可颇有文学才华，中国第一副春联“新年纳余庆，嘉节号长春”便是由他题写。当然，作为一个文学青年，加上有钱有权，自然更懂得享受生活，制造浪漫。譬如说孟昶有个毛病，就是怕热，每遇炎暑天气，便觉喘息不定，难以入睡，于是就在摩河池上建了一座宏伟壮观的水晶宫殿。此宫极尽奢华张扬之能事。那大殿以楠木为柱、沉香作栋、珊瑚嵌窗、碧玉为户，四周墙壁则以数丈开阔的琉璃镶嵌，殿堂正中悬有明月珠，夜间光明透彻，内外通明，加上四周青翠飘扬，红桥隐隐，端的是琼楼玉宇、人间天堂也。

话说某年某月某日，在一个盛夏的夜晚，孟昶与花蕊夫人在此地避暑。那水晶宫里备下鲛绡帐、青玉枕，铺着细织的冰簟，叠着绣花的罗衾，那窗外有凉风升起，岸旁有柳丝轻舞，池中有暗香浮动。面对这般良辰美景，两位妙人儿显得格外缠绵。虽说这孟后主没有治理江山的头脑，但绝不乏茂盛的文艺细胞。一番云雨之后，两人卿卿我我，你看我帅气，我瞧侬好看，真是“相看两不厌”。夜半时分，孟昶从甜蜜的梦中醒来，看着身边冰肌玉骨，粉面樱唇的花蕊夫人，在月色下显得格外娇艳动人，不禁诗兴大发，兴致勃勃地填下一首令人羡慕不已却又感慨万千的诗词《洞仙歌》。词曰：

冰肌玉骨，自清凉无汗。水殿风来暗香满。
绣帘开，一点明月窥人，人未寝，攲枕钗横鬓乱。
起来携素手，庭户无声，时见疏星渡河汉。
试问夜如何，夜已三更，金波淡、玉绳低转。

但屈指西风几时来，又不道流年，暗中偷换。

这样的美人儿，爱是爱不够的，难怪孟昶要幽然感叹。

弱女有铁骨　红颜却薄命

更难得的是，花蕊夫人不但长得漂亮、吟得诗词，还是个饮食专家、烹饪高手。针对孟昶挑食厌食的毛病，她别出心裁，发明了一道以净白羊头为原料、用复杂工艺精制而成的“绯羊首”（又叫“酒骨糟”），把来进御，风味无穷。另外，她还研制出以薯药、莲粉为底料的“月一盘”，清香扑鼻，味酥而脆。想想看，这般妙人儿，谁能不爱呢？最后搞得那位手提棍棒，打遍十八军州无敌手的赵匡胤心也痒痒，手也痒痒，便发来大兵，直逼蜀境。大军压城，小孟慌了手脚，无可奈何，只有写了降表，乖乖同美人一起做了宋军的俘虏。没过几日便暴疾而终，年仅 47 岁（另一说是被老赵毒死的）。

在开封的大殿上，那姓赵的大汉以胜利者的姿态，命花蕊夫人做诗一首，谈谈投降的感受。本意是想羞辱她，不料夫人不急不慌，沉着吟道：

君王城上树降旗，妾在深宫哪得知；

十四万人齐解甲，更无一个是男儿。

这首至今读起也叫巴蜀男人汗颜的诗作，令宋太祖大吃一惊，想不到弱女子竟有这般铮铮钢骨，继而肃然起敬，再而产生无穷爱意。后来，便纳这位夫人做了贵妃，很是宠爱。

这本是一个圆满的结局。公猫换成一头雄狮，倒也无妨。花蕊夫人可以继续过她精致的“猫科”生活，研究她的食谱，编排她的歌舞。然而，也许太招摇了，或许是太美丽了，竟不知为何惹怒了不懂“怜香惜玉”的赵光义（皇帝的弟弟），在一次打猎中，赵光义趁乱以误射为借口了断了一缕香魂。这般出乎意料的结局，真是令人唏嘘不已。

历代国家悲剧、民族遗恨，实在不应该把罪过全部推及“红颜祸水”，正如小孟亡了国，我们绝不能埋怨花蕊夫人。祸水论者往往会理直气壮地列出一长串相对应的名单：纣王与妲己、周厉王与褒妃、唐明皇与杨贵妃、宋徽宗与李师师、吴三桂与陈圆圆等等。我们也不能完全说这些女人是无辜的。她们都是属猫的尤物，乖巧灵透，毛茸茸的温顺总是令人“见而怜之”。这种温顺会酥了君王的骨，迷了英雄的眼，甚至能把一只野老虎驯化成一只大雄猫。对此，我们又能责怪什么呢？能怪、能恨的就是那些不是男人的“雄猫”君主了。

美人地理

蓉城　成都。花蕊夫人爱花，尤爱芙蓉花。芙蓉花又称“牡丹”，木科，每年10月开花，花朵大而鲜艳。相传后蜀皇帝孟昶为博夫人一笑，下令全城广植芙蓉，每年秋天，他携花蕊夫人登上城楼，放眼望去，满城皆芙蓉树，灿若朝霞，红艳数十里。所以，成都又称“蓉城”，意即芙蓉花之城也。

小周后

——传统的悲情美人

南唐后主继室周后，昭惠之母弟也。警敏有才思，神采端静。后自昭惠殂，常在禁中，后主乐府词有『衩袜步香阶，手提金缕鞋』之类，多传于外，至纳后乃成礼而已。翌日，大宴群臣。韩熙载以下，皆为诗以讽焉，而后主不之谴。归于京师，去号位，从夫之爵。太平兴国三年，陇西公薨，周氏亦薨。

她所爱的君王

小周后爱的人，是大名鼎鼎的南唐后主李煜。

史书记载，他的相貌很有特点，所谓“广额、丰颊、骈齿、目重瞳子”。这般“英奇”的貌，正是古人面相术上所讲的“贵人”之相，因此受到皇帝老子的特别宠爱，也因此招来长兄弘冀的醋意和猜忌。李煜是个聪明人，为了“避祸”，一门心思做起没有政治杀伤力的“文学青年”来。另外，他还很知趣地给自己起了“莲峰居士”、“钟山隐士”等别号，以示自己对“做世子、当国主”没什么野心。

然而，排行老六的李煜，却格外受老天爷的“恩宠”，那

顾闳中（南唐）《韩熙载夜宴图》

这幅受南唐后主李煜之命，至韩宅观察、目识心记后所绘的《韩熙载夜宴图》，是顾闳中唯一传世之作。此图描绘五代南唐大臣韩熙载放纵不羁的夜生活。

国主的宝座，好像就是上天给他安排好的。世子弘冀突然暴死，其他四位兄长也都早夭，他便在建隆二年（961年）顺理成章地被册立为世子。同年，老父亲李璟病逝，一向只懂得舞文弄墨的李煜，就这样戏剧性地被推上历史的前台。

李煜诗词做得漂亮，可做君王实在不是一把好手。对于痴迷文字游戏的李煜来讲，贵为君王的最大好处，便是将艺术的讲究推向极致。宫廷里，他摊开的是自己特制、滑如春冰密如茧的“澄心堂纸”，用的是细腻如玉、扣之如磬的龙尾砚，研的是比黄金还难得的李廷珪墨。从《韩熙载夜宴图》描述的场景不难想象当年南唐小朝廷的风流和奢华。同时，他还可以不计成本，随心所欲地将生活极度艺术化。《十国春秋》记载：“后主……晏然自奢，谱曲度僧，略无虚日……”他一方面小心地伺候好宋室，期望以金帛纳贡，冀求片刻苟安。另一方面，他又如鸵鸟一般，把头埋进文化的沙子，钻在深宫里把玩诗词歌赋，研究琴棋书画，夜夜笙歌，只求“一晌贪欢”。若在现实的困境里无法摆脱时，他又会在恐慌中寄希望于神灵，念经诵佛，自欺欺人，沉醉于“心事数茎白发，生涯一片青山。空林有雪相待，野路无人自还”的虚幻超脱境界。

到头来，“四十年来家国，三千里地山河”终是落入雄才大略的宋太祖赵匡胤手中，而这位文笔了得、才情超群的李后主，只落得“三十年来梦一场”。国亡了，只剩下“吴苑宫闱今冷落，广陵台殿已荒凉”；家毁了，终留下“凡弟四人三百口，不堪闲坐细思量”。

虽然做君王很失败，可作为诗人，李煜相当优秀。当年降宋，宋太宗听说他好做诗，让他“举得意者一联”，李后主想了很久，沉诵其咏扇曰：“揖让月在手，动摇风满怀。”太宗听后，意味深长地赞道：“好一个翰林学士！”这是在讥讽他“其政不堪君，只宜作文人也”。后人对于他的文学才情，也多是赞赏有加，譬如明代诗人陈继儒便曾感叹道：“天何不使后主现文士身，而必委以天子，位不配才，殊为恨恨。”

她和她的姐姐

要谈小周后，就必须提及她的亲姐姐大周后。这位名宪、小字娥皇的大美人，虽比李煜大一岁，但貌美多才，通书史，善诗词，据说后主的“玉楼春”、“一斛珠”实际上是她的手笔。大周后还精通音律，尤工琵琶，中主李璟还曾特赐一把上好的“烧槽琵琶”给她。除此之外，大周后对于时尚和流行文化也颇有研究，曾“创为高髻纤裳及首翘鬓朵”之妆，当时“人皆效之”。可见，大周后是一位杰出的女“文艺青年”。佳人配才子，她自然很合李煜的胃口。因此自19岁嫁给李煜后，两人恩爱有加，夫妻关系一直非常融洽。

大周后虽然漂亮聪明，有才气，可时间长了，终会有“审美疲劳”。风流成性的李煜开始把多情的眼光瞄向他的小姨子——小周后。《南唐书》形容小周后“警敏有才思，神采端静”，另外特别强调“貌尤绮丽”。

李后主曾填写过一首《菩萨蛮》，词云：

花明月黯笼轻雾，今宵好向郎边去。

刬袜步香阶，手提金缕鞋。

画堂南畔见，一向偎人颤。

奴为出来难，教郎恣意怜。

词中描写的正是李煜与小周后幽会的情景。

倘若从道德角度分析，与其说是“幽会”，不如说“偷情”

顾闳中（南唐）《韩熙载夜宴图》

恰当。李煜是堂堂一国之主，谈恋爱本不应该这般偷偷摸摸。小周后之所以要“蹑手蹑脚”，是要避姐姐的耳目，也正因为心理上的压力和道德上的顾虑，她才会感叹“出来难”。

小周后毕竟还是一位情窦初开的少女，自然禁不住姐夫的才情魅力和蜜语诱惑，何况人家还是一国之主呢，所以最终还是选个“花明月黯”的夜晚，悄悄投向了李煜的怀抱。

如果说小周后“乱爱”还情有可原，那李煜“出轨”就只能说无耻了。这首词据考证写于乾德二年（964 年）十月，当时正值大周后病重之际。陆游的《南唐书》记载着这样一件事：当时小周后以探望姐姐的名义入宫，却一直躲着不见姐姐。终有一天，大周后“偶褰幔见之”，便惊奇地问道：“汝何日来？”小周后毕竟年轻，还不懂得女人的敏感和醋意，便傻乎乎地回答道："既数日矣。"想想看，自己的老公竟置十年夫妻之情于不顾、置结发之妻重病之身于不顾，而是与自己的亲妹妹"数日"偷欢，大周后岂能不生气？岂会不愤恨？可一边是自己的痴心妹，一边是自己的负心汉，大周后又能怎么办呢？病情急转直下的她，只有采取"至死，面不外向"的姿态，以示抗议。

可以想象这个偷情事件对大周后打击有多大，心神俱灰的大周后终是含恨离开人世，年方29岁。这时的李后主愧疚不已，史书上说他"哀苦骨立，杖而后起"，我认为有作秀之嫌。为了表示自己"哀甚"之心，他还亲自为大周后写了千字的诔文，文中自称鳏夫，并夸张地连用了13个"呜呼哀哉"，其中也不乏"拉血抚櫬，邀子何所？""吊孤影兮孰我哀？私自怜兮痛无极"之类"极尽酸楚"的词句。虽说李煜的文章写得漂亮，戏也演得逼真，可始终瞒不过后人"雪亮的眼睛"，大家都知道这些是"后主过哀，揜其迹"的把戏而已。

李煜虽然无耻又虚伪，可人家是个文学才子，漂亮的诗句总是很容易掩饰是是非非。何况李煜的脸皮又是那样的厚。那首《菩萨蛮》虽有香艳狎昵之嫌，可李煜照样敢把这首词制成乐府，任其外传。在他和小周后成婚之夜，他的臣下韩熙载、许铉等写诗嘲讽他，其中有"四海未知春色至，今宵先入九重城"等尖刻的诗句，他也满不在乎。后世文人一再把玩"绝妙情语"的词句后，反而觉得李后主坦率得近乎可爱了。只是不知那位小周后，心里对此又是怎样的看法？

她和他的结局

李煜虽然多情，也容易感伤，但对感情，却绝非痴人。他太过花心，也太过自私，在他的感情世界里，唯一在乎的可能只有他自己。除却大小周后，还有裹小脚跳舞的窅娘、善于说禅理的乔氏、善弹琵琶的流珠、乖巧伶俐的庆奴等许多宫娥等着他的宠爱呢。

他沉浸在“佳人舞点金钗溜，酒恶时拈花蕊嗅”的无限欢情里。对于旧爱，他有“风情渐老见春羞，到处芳魂感旧游”的阴柔缠绵；对于亡人，他有“汗手遗香渍，痕眉染黛烟”的脂粉感伤。女人对他而言，可能只是必要的情感体验、生活陪衬和心理解药罢了。因此，便是成了可怜兮兮的亡国之君，在“仓皇辞庙日”，他还要先“垂泪对宫娥”。难怪后来的苏东坡嘲笑他不哭自己的祖先和国家，倒是先去哭女人。由此可见，李煜对于女人，太过敏感，太过博爱，也太过依赖。对这种心理不健全、情商又太发达的“宝贝”男人，能说什么好呢？后世评说他“生于深宫之中，长于妇人之手”，可谓“人君所短处，

杜堇（明）《宫中图》

此长卷似摹自南唐周文矩的《宫中图》，又汇进了作者自己的创作笔法。图中描绘了后宫之中嫔妃们的日常生活。

亦即为词人所长处”。评价倒是中肯，可感觉很不对味。

身为女人的小周后，最初被李煜的才情所吸引，成就一段“不伦”之恋，虽有点难堪，可毕竟有个圆满的结局，特别是后来被立为后，可谓享尽了人生的荣华富贵。便是心爱的男人太过“滥”情，但至少有“才情”和“地位”可以平衡。可一旦遇到人生大的变故，小周后便只能独自面对苦痛和悲剧。

当宋太祖的大军兵临城下将南唐小朝廷彻底荡平后，软弱无能、没有血性的李后主只好“肉袒以降”，并屈辱地接受那个叫赵匡胤的大汉扔过来的“违命侯”。关于小周后的最终结局，有种说法是被那个不懂怜香惜玉的宋太宗看上，并恣意蹂躏。宋王铚《默记》引龙衮《江南录》的说法：“李国主小周后，随后主归朝，封郑国夫人，例随命妇入宫。每一入辄数日，而出必大泣，骂后主，声闻于外，（后主）多宛转避之。”后有元人冯海粟学士，题诗讽刺道：“江南剩有李花开，也被君王强折来。”

对于一个男人而言，连自己心爱的女人都保护不了，只能眼巴巴地看着受辱，真是莫大的刺激和羞辱。宋人有好事者，画《熙陵幸小周后图》，图上太宗戴幞头，面黔黑而体肥；周后肢体纤弱，数宫人抱持之，周后作蹙额不胜之状。这个叫赵光义的男人，将其得意建立在一个女人的痛苦和另一个男人的尴尬上，如果他知道几百年后他的后代也被金人大肆强奸，不知会作何感想？

而这个被戴上绿帽子的李煜，也许是心太痛，于是写出那么多感人肺腑的漂亮词句。面对心爱女人小周后的痛骂，除了窝囊地痛哭流涕外，他只能一味地忍耐。

太平兴国三年（978年）的七夕，是李煜42岁的生日。也许是太痛苦、太压抑、太绝望了，经历了大喜大悲的李煜，索

杜堇（明）《宫中图》

性在这一天把自己的情绪痛快地表达出来。他写下了脍炙人口的《虞美人》，并命歌伎奏乐演唱：

春花秋月何时了？往事知多少。

小楼昨夜又东风，故国不堪回首月明中。

雕栏玉砌应犹在，只是朱颜改。

问君能有几多愁？恰似一江春水向东流。

闻者无不肝肠寸断。而李煜在词中也丝毫没有掩饰对于故国的怀念和留恋。他坦然了，平静了，也就没什么可畏惧了。一贯温顺如绵羊的李煜竟敢以这样的方式蔑视宋廷！性格暴躁的赵光义勃然大怒，当晚便赐予“牵机药”，毒死了李煜。

李煜死了，也彻底解脱了。小周后觉得继续活下去也没有任何意义了。《十国春秋》里说“小周后以后主暴殒，悲不自胜，亦薨”。看来，小周后应该是选择了自杀，随她的夫君而去。

小周后是传统女人中的女人，因为她最具古代女性悲剧的代表性。她的喜怒哀乐，都随着她爱的男人起伏变化。她爱过，是因为别人需要她的爱；她恨过，是因为别人需要她去恨。她是男人追逐欲望的美味猎物，她是男人张扬自我的私有战利品。她美得毫无个性，也爱得毫无原则。于是，她的悲剧，除却悲情，还是悲情。便是有一丝遗憾，也不知从何说起。

美人地理

金陵城　南京古称“金陵”。“六朝金粉地，金陵帝王州”。有着6000多年文明史和2400多年建城史的南京，与北京、西安、洛阳并称为“中国四大古都”。自公元229年东吴孙权迁都南京以来，历史上先后有10个朝代在此建都，故有“十朝都会”之称。

萧燕燕

——最幸福的皇太后

萧燕燕（953—1009），名绰，小字燕燕。辽北院枢密使兼北府宰相萧思温之女。公元969年，耶律贤即位为景宗，封萧燕燕为贵妃，旋即册立其为皇后。982年，景宗死，长子耶律隆绪即位，是为圣宗，尊生母萧皇后为『承天皇太后』。因圣宗年仅12岁，萧太后奉景宗遗诏摄行国政。1009年，萧太后病死，终年57岁。

家世显赫的皇后

民间演绎的《杨家将》里，有一个大名鼎鼎的萧太后。萧太后的原型，就是辽国历史上举足轻重的睿智皇后萧燕燕。

这位美女的出身可不一般。她的家族便是辽代最显赫的萧阿古只家族，在9位皇帝统治的209年中，萧氏后族出了5位皇后、17名北府宰相、21位驸马，因此这个家族有“国舅帐”的美称。萧燕燕的父亲是北府宰相萧思温，母亲是燕国大长公主。史书上说萧思温“通书史”，自然家教不一般，加上有这种“根正苗红”的政治家族背景，日后萧燕燕能成为皇后并“以女主临朝，国事一决其手”也就不难理解了。《辽史》上夸她“早慧”，并记载了一件很有趣的小事，说有一次萧思温的几个女儿在家中扫地，别的女儿都是敷衍了事，马马虎虎，仅仅做个样子，而萧燕燕却非常认真，打扫得干干净净，一尘不染。萧思温高兴地说：“此女必能成家！”

萧燕燕扫“一屋”没问题，扫“天下”当然也不在话下。等她长大嫁与景宗做皇后时，由于辽景宗羸弱多病，继位多年而不能正常主政，于是萧燕燕便有了“一展身手”的机会。史载“大诛罚，大征讨，蕃汉诸臣集众共议，皇后裁决，报之知帝而已”，可见她的实力和魅力。后来，皇帝干脆下了一道诏给史馆学士，说以后记录皇后的话，也应用“朕”，并“著为定式”，这就等于承认了萧燕燕“女主临朝”的事实，并以法令的形式确定了萧燕燕代行皇帝职权的合法性和权威性。

从史书记载和后代评论来看，辽景宗并不是一个无能、无为的皇帝。他在父亲被弑后登上皇位，励精图治，渴望大干一番事业，只可惜有心而无“力”，因为自幼身子骨就弱，承担不

萧燕燕像

起繁重的国事政务。好在他还有一个能干的皇后。

短暂十几年的夫妻生涯，萧燕燕就为辽景宗生了四子三女，可见景宗对她还是深爱有加的。萧燕燕作为正宫皇后，儿子耶律隆绪作为辽国皇储，地位自然也是显赫的。辽景宗于乾亨四年（982年）驾崩后，因为继位的圣宗年龄太小，不到30岁的萧燕燕再次被推上政治的前台，以皇太后的身份总摄军国大事，这便是辽代历史上著名的“承天后摄政”时期。

才华杰出的太后

萧燕燕是个非常能干的女人。她最大的特长是知人善用，她最幸运的是手下有一批忠心耿耿的好臣子。

当初，景帝驾崩，主少国疑，诸王宗室200余人拥兵握权，虎视眈眈，内外震恐。无助的萧燕燕哭泣着说：“母寡子弱，族属雄强，边防未靖，奈何？”耶律斜珍和韩德让两位将军立马进言，递上一句掏心窝子的话：“信任臣等，何虑之有！”别以为萧燕燕真是柔弱无助，她只是善于利用女性温柔的力量激起部将的豪然气概罢了。对此史书上早有评价，说她“有机谋，善驭大臣，得其死力”，由此便可观之。

而萧太后之所以是萧太后，除却善于利用女性的优势外，还有“巾帼不让须眉”的男儿气魄。对于尚武善勇的游牧民族政权而言，这一点尤为重要。季节性的游牧生活，加上单一的经济基础，如果没有强大的军事力量作基础去入侵抢掳，他们就无法生存下去。史书上说“辽以鞍马为家，后妃往往长于射御，军旅田猎，未尝不从”。因此，女子统军作战也是游牧民族的一种传统，而睿智果敢的萧太后更甚。《辽史》记载她“亲御戎车，指麾三军，赏罚信明，将士用命”。可见她有着杰出的军事指挥才能和非凡的勇气魄力。

萧太后最伟大之处便是不穷兵，不黩武。史书上载：“每入寇（宋朝），亲被甲督战，及通好，宜出其谋。”也就是说，或入侵或通好，她要根据实际情况判定，要从国家利益的大局出发，这就充分展现了她作为一个政治家所具备的战略眼光和灵活手腕。最能体现这一点的，便是历史上有名的“澶渊之盟”。

宋真宗景德元年（1004年），萧太后发兵南下，避实击虚，绕过宋军固守的城邑，长驱直进。十一月，破德清军、通利军，抵达黄河之滨的重镇澶州（今河南濮阳），直接威胁宋朝的都城开封。北宋王朝一时间朝野震动。当时北宋的经济、文化、军事等各方面实力都远比辽国强，可在军事上却如此被动，对此不能怪宋朝将帅无能，要怪只能怪宋太祖。开国时，由于太过忌惮唐时藩镇割据的祸乱，太祖立下“重文抑武”的国策，以至于矫枉过正，使得王朝一直有“肾虚”的毛病，直不起腰来，并积弱成灾，导致亡国的悲剧。那时，北宋王朝周遭多是虎视

胡瓌（后唐）《卓歇图》

此图描写的是契丹族的生活场景。“卓歇”为立帐休息的意思。

眈眈的狼性强邻，热爱和平也只能是一厢情愿罢了。

就在萧太后舞着狼牙棒兵临城下时，宋朝的朝廷上已经乱成一锅粥。胆小的文臣主张南下迁都到升州（今江苏南京）或益州（今四川成都）。丞相寇准骨头硬，硬是顶住，并说服宋真宗御驾亲征。皇帝亲临战场第一线，使得宋军士气大振，与萧太后的铁骑又大战了几个回合，各有胜败，战争进入相持阶段。辽军虽攻占宋朝一些地方，但伤亡惨重，驸马都尉萧挞凛都被宋军射死，战况急转直下，处境对萧太后极为不利。

此时萧燕燕展现出一个政治家的灵活姿态来，她一边派出使者，提出“罢战言和”的愿望，一边派兵加紧攻打宋境其他城池，以给自己谈判添加筹码。此外，她还想利用宋廷怯战的弱点，胁迫宋归还当年后周从辽手中夺去的关南十县。不料宋兵有皇上督战，几仗打得有模有样，同时宋真宗也坚持“寸土不让”，要钱要物倒是好商量。于是，两边唇枪舌剑，几番交锋后，达成“岁输银10万两、绢20万匹”的撤军协议，随后互换誓书，交为兄弟，结束了辽宋长达25年的战争。

实事求是地讲，这个“澶渊之盟”，宋廷实在有些窝囊，而萧燕燕审时度势，虽没实现自己的战略目标，倒也得了不少好处。当然，最沾光的还是边关的老百姓。后来宋辽双方的“兄弟情谊”维持达118年。双方和平往来，通使殷勤，正史所记的双方互使就共达380次之多。双边百姓也因此享受了100多年和风细雨的和平日子。

忠心且痴情的臣子

孤儿寡母的萧燕燕，能将野心蓬勃、血性十足的大辽控制在自己纤细的手腕下，除却她“明达治道，闻善必从”的施政策略外，也在与她身边有一位忠心不二的爱将韩德让有关。这位爱将，可谓名副其实的“心爱”之将，算是她的情人吧。

韩德让是辽国汉臣的儿子，史书上载他“重厚有智略，明治体，喜建功立事”。渴望建功立业，这和他尴尬的出身有关。他的祖父韩知古、父亲韩匡嗣虽都是辽朝重量级的功臣，可身份却是“宫分人”，也就是辽朝皇帝的家奴。为了摆脱这种尴尬的处境，他只有忠心报国一途。

《续资治通鉴》里记载，当初景宗疾笃，身为南院枢密使的韩德让为帮助萧燕燕收拾危局，不等诏命，“密召其亲属十余人并赴行帐”，在萧燕燕的配合下，更换不可靠的大臣，敕诸王各归第，从而使太子得以顺利即位，继而帮助萧燕燕登上了皇太后的宝座。当时，韩德让密诏的“亲属”，便是指由他统领的皇家御卫军（宫分军）。如此可靠、忠心的人物，自然使得萧燕燕对他感激不尽，对他的政治才能也赞赏不已，曾喜滋滋地夸道：“进贤辅政，真大臣之职。”等她以“承天太后”的名义临朝称制时，便又命韩德让“总宿卫事”。这样，承天太后就基本控制了朝廷，那些跋扈之臣也就不敢再兴风作浪，而韩德让也成了朝中权势最煊赫的大臣。

民间传说中有萧太后下嫁韩德让一说。在宋人编撰的《契丹国志》里，谈及韩德让和萧燕燕时，均言韩德让“有辟阳侯之幸”，意指他与承天太后关系非同寻常。而在曾出使过辽国的宋人路振的《乘轺录》里，也有萧燕燕年轻时曾与韩德让有过婚约的说法。后萧燕燕入宫，成为辽景宗的皇后，韩德让也娶了李氏为妻，但在彼此心里埋下了一段未了情事。也许契丹族风俗淳朴，或者辽景宗心胸开阔，当然，也可能是萧燕燕暗自协助，韩德让的仕途可谓一路顺风。在景宗一朝，他已经“加东头承奉官，补枢密院通事，转上京皇城使，遥授彰德军节度使”，后来更是成为托孤大臣。到了萧燕燕摄政时期，两人关系终可以公私不分、融为一体了。韩德让“总理宿卫事”，与萧燕燕出则同车，入则同寝，宛若一对恩爱夫妻。苏辙《龙川别志》说澶渊议和时，宋朝使者曹利前往谈判，“见虏母（指萧燕燕）于军中，与蕃将韩德让偶坐驼车上，坐利用于车下，馈之食，共议和事”。《宋会要辑稿》也记载萧燕燕为了鸠占鹊巢，曾派人缢杀德让之妻，并入居德让帐中。

《辽史》里也许避尊者讳，没有这样的记载，不过倒有一个耐人寻味的细节。说有一次皇室比赛打马球，萧太后在旁观看，韩德让被一个叫胡里室的贵族误撞坠马。先不说是不是有意，本是一场比赛，至多也就算犯规吧。可萧太后竟然大怒，命人将胡里室推出斩首，由此可见韩德让在萧太后心里的位置。后来，萧太后下诏韩德让“出宫籍，隶横帐季父房后”，赐名耶律隆运，名列耶律阿保机的直系后裔，并让辽圣宗“见则尽敬，至父事之”，又赐他铁券几杖，上朝不拜，让他“列置护卫百人，同天子仪”。

有如此恩宠，韩德让自然忠心耿耿，竭尽全力辅佐这对母子。后来，年已古稀的他还曾远征高丽，为大辽江山誓死拼打。不料在归途中得了重病，当时的皇帝和皇后还亲自赐药抚慰。他死后，被葬在萧燕燕的乾陵旁。这样，他就可以和他心爱的女人永远在一起了。

美人地理

慈圣寺　　辽代所建，位于龙岗村中间。原系辽朝承天皇太后（萧太后）携子圣宗及其子孙来闾山祭祀时的驻跸之地。这座寺庙是一座面东建有南北配殿的四合套大院，规模宏大而又富丽堂皇。

吴皇后

——宋王背后的女人

高宗赵构的皇后吴氏，开封人，14岁被选入宫侍奉高宗赵构。1143年吴氏被正式册立为皇后。经历高、孝、光、宁四朝，在后位（含太后）长达55年，是历史上在后位最长的皇后之一。1197年，吴太后病死，终年83岁。谥号为『宪圣慈烈皇后』，葬永思陵。

三级跳式的一路升迁

南宋高宗赵构的皇后吴氏大概天生就是当皇后的命。

据说她当皇后，出生前便已经由“上天”安排好了。《宋史》上说她的父亲吴近曾做过一个奇怪的梦，梦见他看到一个小亭，匾额上书“侍康”二字，亭旁边有一株芍药，“独放一花”，花下还有一头白羊。吴近醒来感觉很是奇怪，百思不得其解。后来，在乙未岁（羊年）生下了“妍丽可爱”的吴氏。吴氏十四岁的时候被选入宫，侍奉当时的康王赵构。吴近这才恍然大悟，认为这是上天的征兆。

当然，这是迷信的说法，也可能是他父亲在女儿发达后的一种刻意附会。古人总是迷信这一套的。吴氏日后被赵构宠爱，很大程度上也是得益于这些“迷信”。譬如有一次，皇帝君臣在海上航行，突然“有鱼跃入御舟”，这时吴氏不失时机地说道：

根据此卷跋语和历史文献考证，这幅长卷是南宋高宗时期，翰林图画院依据《耕织图》摹画其中蚕织部分而成。小字注是宋高宗吴皇后所书。

"此周人白鱼之祥也。"要知当时北宋刚灭亡，金兵大举南下，恐慌无助的高宗君臣只好"入海避敌"，在温州沿海漂泊了四个月之久。前有恶浪，后有追兵，其窘迫之状可想而知。赵构此时听了这样的吉利话，心里自然非常高兴，马上封她为和义郡夫人。到达目的地，又进封为才人。

当然，吴氏讨得赵构的欢心，可不单是只凭伶牙俐齿。《宋史》说在赵构即位初期，她"常以戎服侍左右"。有一次，宫廷卫士因不满宦官的胡作非为，突然包围行宫，诛杀宦官，发生兵变。闯进宫内的士兵"问帝所在"，吴氏不惊不慌，用智慧和胆略哄骗过去，帮赵构躲过一险。

除却英姿俏丽、胆略过人外，吴氏还"益博习书史，又善翰墨"。这一点非常重要。众所周知，宋朝皇帝的文人气息都很浓郁，赵构也不例外，因此对"能文能武"的吴氏另眼相待，"宠遇日至"，很快就将她进封为"婉仪"，旋又晋升为"贵妃"。

吴氏还擅长搞好婆媳关系。高宗的母亲韦太后从金国还朝后，由吴贵妃侍奉起居。吴氏体贴周到，"顺适其意"，饱受惊吓之苦的婆婆非常受用，对这个知冷知热的媳妇也非常满意。史书上还记载了一个耐人寻味的细节，说吴氏曾经"绘《古烈女图》，置坐中为鉴"，同时，"取《诗序》之义"，在自己后宫的居所挂了一块"贤志"的牌匾。这两件事看似普通，其实寓有深意。要知韦太后曾以"亡国之妃"遭金人掳掠，受过不少"非人之苦"，心里也有许多难言之隐。挂上"烈女图"以明志，"忍辱偷生"的韦太后心里自然欣慰许多。因此，宪节皇后去世后，朝臣请"累表请立中宫"，吴贵妃便成了热门人选，韦太后"亦为言"，力挺吴贵妃。于是，绍兴十三年（1143年），吴贵妃正式被册立为皇后。此后，"追王三代，亲属由后官者三十五人"。

幕后的操持政务者

吴氏不但有做皇后的好命，而且她还是做皇后的“好料”。

高宗赵构大概是在亡国的兵乱中遭受太多的惊吓，留下严重的后遗症，渐渐失去了生育能力。所以他唯一的儿子病死后，便再无子嗣。无奈，只好召宗室赵伯琮入宫，收为养子，命张贤妃育之。当时还是才人的吴氏，为替皇帝分忧，也积极申请“育一子”，于是收宗室赵伯玖为养子。后来，张贤妃不幸病逝，吴皇后便将赵伯琮一并收养。吴皇后对两个养子并没有“亲疏有别”，而是“视之无间”。因为伯琮恭俭勤敏，聪慧好学，堪当大任，所以吴皇后积极说服高宗将其立为皇太子，改名为赵慎。值得一提的是，赵慎是宋太祖赵匡胤的后代，而高宗是宋太宗赵光义的后代。因此，赵慎即位，皇权便又由太宗一系转入太祖一系。

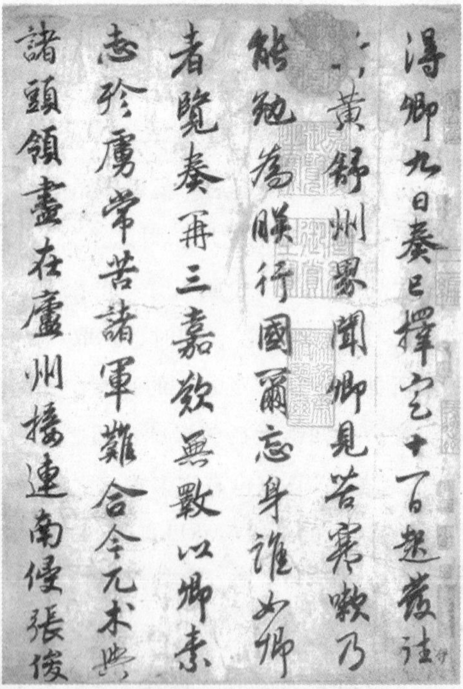
得卿九日奏已擇定十一日起發往
蘄黄舒州界聞卿見苦寒嗽乃
能勉為朕行國爾忘身誰如卿
者覽奏再三嘉歎無數以卿素
志殄虜常苦諸軍難合今兀朮與
諸頭領盡在廬州接連南侵張俊

宋高宗赵构《赐岳飞批札》

吴皇后的大度和大气赢得了子孙（虽然非亲生骨肉）的尊重。1162 年，高宗禅位于赵慎，是为孝宗。当了皇帝的赵慎，对非亲生的吴皇后非常尊敬，不但上尊号为“寿圣太上皇后”，而且平时也是毕恭毕敬，拜见“如宫中仪”，对吴皇后的亲属也“推恩有差”。到了她孙子辈光宗即位，对这位重量级的“祖母”更是敬重有加。而她的曾孙辈宁宗赵扩，也时时要聆听她的教导。

宋高宗赵构像

吴皇后经历高、孝、光、宁四朝。这些南宋皇帝，虽然心肠都还不错，可就是软弱无主见，好在有她这么一位坚强的女人替他们撑腰。譬如当年光宗向奶奶讨教用人之道，吴太后深知政权交替平稳的重要性，也知道这个孙子很是平庸，所以意味深长地告诫他“宜崇尚旧臣”。再如她过八十大寿时，对侍奉身边的嘉王赵扩“勉以读书辨邪正、立纲常为先”，为这位未来皇位继承人传授君王之道。

吴太后辅佐的这几个皇帝很有意思，个个都不爱当皇帝，而是愿做太上皇。吴太后的夫君高宗赵构就当了足足25年太上皇。孝宗效法高宗，也做了5年。而随后的光宗，因为和孝宗一直不和，又天天受老婆的气（其皇后李氏是历史上有名的妒妇），当了5年皇帝便厌烦了。绍熙五年（1194年），孝宗驾崩，光宗心神俱疲，颓然病倒，觉得“历事岁久，念欲退闲”，也想做个太上皇。甚至他亲爹的“祭奠之礼”，他也以病推托。这时朝廷已乱成一锅粥。群臣此时能信赖的，也只有这位白发苍苍、年逾八旬的吴老太后了。于是，宰臣奏请吴太后“垂帘主丧事”。太后开始不许，她并不愿参与政事。但国不可一日无主，以江山社稷计，她只得再次“出马”，在“梓宫前垂帘”，然后宣光宗手诏，立皇子嘉王为帝。第二天，她又按程序册封嘉王夫人韩氏为皇后，然后马上撤帘，从而干脆利落地化解了这场宫廷危机。

想来赵家的子孙也真是没出息，剩下的半拉江山都不好好爱惜、认真护理，还要这位白发苍苍的老太太受累操心。三年后，吴太后病逝，时年 83 岁，走时还不放心，特地留下遗诰，告诫她的孙子和曾孙“宜于宫中承重”，服哀五月，以日易月(也就是仅仅五天)。言外之意，是告诫她的“孝子贤孙”少来些虚的，多干些正事。

那个时代，男人不行，也只好靠女人撑腰了。

察必

——朴实聪明的皇后

察必，弘吉剌氏，元外戚济宁忠武王按陈之女、元世祖忽必烈的皇后。察必生性仁明，随事讽谏，多裨时政，同时又勤俭自律，事事用心。史称『其性明敏，达于事机，国家初政，左右匡正，后有力焉』。元至元十八年（1281年）病逝，死后追尊昭睿顺圣皇后。

一位简约而不简单的环保专家

察必是元世祖忽必烈的皇后。

这位皇后出自弘吉剌部，是地地道道蒙古大草原哺育的姑娘。她最大的美德便是继承了草原人民勤劳朴实的优点，勤俭为本，非常懂得过日子。她后来当了皇后，这个优点依然完美地保留了下来。据传在她所居住的王宫丹墀前，她曾亲手栽种了一株从成吉思汗故地带回的青草，名为“誓俭草”，以此告诫皇宫子孙不要忘旧，要保持过去节俭淳朴的风尚。

《元史·后妃传》里有这样的记载，说有一次皇后派人去国库里支取丝帛表里各一匹，忽必烈知道了，便责备皇后道：“这是军国所需，不是私人库房，你怎么能去支取呢？”当然，忽必烈只是和皇后开个善意的玩笑罢了。朴实的察必皇后却当了真，回到后宫，竟亲自率领宫女，展开了轰轰烈烈的“废物回收利用”环保活动，大力提倡“节约型”皇宫新生活。她让宫女收集用旧用坏的弓弦，继而煮之练之，织成绸帛，然后做成衣服，竟然非常坚韧密实。当然，这样的衣服估计可以给前线的军士做轻型“防弹衣”了。察必皇后亲煮宫弦、自织丝帛的壮举，被朝臣传为佳话。当朝国母大胆的创意和勤俭持“家”的举动使众人彻底折服，并被史官认真地记录在皇后的传记中。一百多年后，明太祖的皇后马氏听说前朝有此轶事，以为贤德，于是效仿察必皇后，在宫中亲自织布纺纱，也被传为美谈。

这样一件小事，被史官细细记录，并有朝臣赞扬，这就进一步激发了察必皇后对废物利用的积极性。于是，她一天到晚在宫里四处奔走，东翻西拣，寻找可回收再用的废弃物。有一日，她来到专为皇宫造酒的宣徽院，竟在库房里发现许多旧的羊臑皮，被搁置了好多年。察必皇后非常高兴，觉得又可以大展身手了。于是命人搬到后宫，与宫人们将其洗晒干净，裁剪妥当，然后细细缝合，做成地毯。当然，察必皇后“废物利用”的壮举还有许多，

元世祖后像

环保运动也搞得相当成功，使得宫廷里“劝俭有节而无弃物”。后来，还有人专门写诗赞扬皇后的这种俭朴美德。诗曰：“深宫篡组夜迟眠，贴地羊皮步欲穿。漫道江南绫绮好，织紬方练旧弓弦。”

一位杰出的服装设计师

除了把环保运动搞得有声有色外，察必皇后在服装设计方面也很有造诣。当时，元人戴的胡帽没有前檐。有一次，忽必烈骑马打猎回来，告诉皇后，眼睛总是因太阳炫射而睁不开。心灵手巧的皇后想了想，便在忽必烈的帽子上缝了一个檐。后

来一试，果然解决了问题。忽必烈非常高兴，便下令以后的帽子都照这个样子制作。

还有一次，她发现忽必烈骑马时穿着宽袍大袖的衣服，不便弓射，于是就尝试做了一种新的衣服，用旧衣改制而成，后边比前边长，没有领子和袖子，两边各缀一排襻扣，穿起来舒适方便。皇后还给它起了一个漂亮的名字，叫“比甲”，这种衣服便于弓马，而且形式特别，穿上去感觉非常潇洒，因此时人争相仿效，或许这就是现在马甲的由来。至元十八年（1281年）察必皇后去世，忽必烈很悲痛，感叹没有人再像皇后一样关心自己了。如果察必皇后再多活几年，说不定还能有更多的发明呢。

察必皇后的缝衣技术，有时还被忽必烈用作笼络人心的利器。忽必烈对于汉学儒术非常感兴趣，他做皇帝之前，有一次听闻儒士赵璧之名，便把赵璧召至身边重用。为表示对赵璧的尊重，只呼赵璧为“秀才”，而不直呼其名。另外，还让自己的妻子（即未来的察必皇后）亲自给赵璧缝制蒙古袍，做好后，忽必烈让赵璧试穿，有不合适的地方还叫察必一一修改。可见，察必皇后不但能够为夫君缝补衣物，还可以缝补天下。

一位聪明的心理学家

史书上称察必皇后“其性明敏，达于事机，国家初政，左右匡正，后有力焉”，因此很受忽必烈的宠爱。而察必皇后生性仁明，也爱随事讽谏，多裨时政，忽必烈对她的建议往往也笑纳。

《元史》上记载，忽必烈喜爱打猎，可京城从上都开平迁到大都燕京后，游猎一直不便，因此忽必烈让他的禁卫军长官在京城郊区开辟游猎场。下面的人立马去办，并将圈定的土地绘成地图给他看。当时察必皇后在场，认为此事不妥，因为只要忽必烈御笔一挥，那片区域内的居民就要被从自己的土地上赶走，流离失所。皇后不忍，但也知道不能强行劝谏。所以她先打发走禁卫军长官，然后扶

元世祖像

忽必烈进内室休息。这时，太保刘秉忠有事奏报，察必皇后看机会来了，便将其拦在外室，故意提高嗓门对刘秉忠说："陛下要征收京郊的农田为游猎场，像这样的大事，你作为国家重臣，怎么不知道呢？土地在国都迁来之前已经分配了。如今新征收游猎场，土地的主人岂不要迁往他乡，引起百姓的怨气，造成混乱？皇上事多，日理万机，像这样的小事想不到也是难免的，你们做臣子的应及时提醒。若陷陛下于不仁不义之中，怎么得了？"刘秉忠会意地笑了笑说："我马上带图亲自查看，然后再作禀报。"察必皇后说："这么做就对了！"察必皇后与刘秉忠的对话，忽必烈听得一清二楚，后来便命令刘秉忠先去视察，然后再做定夺。

察必皇后也经常在不同场合以不同方式劝谏忽必烈，给他提醒。至元十三年（1276年），元军攻陷临安，将南宋幼主恭帝与全太后全都掳到大都，然后举行了盛大的庆祝典礼。大家都非常高兴，饮酒作乐，唯有察必皇后闷闷不乐。忽必烈问道："我终于征服了江南，以后不用再打仗了，大家都很高兴，为什么唯独你不快呢？"察必皇后意味深长地回答道："从古至今，我从来没有听说过千年帝国，将来我和你的子孙们不要搞到像南宋这步田地就是万幸了。"忽必烈为了讨得皇后欢心，便将从宋宫里抢来的珍宝玩物堆在殿前，请皇后来看，察必匆匆看了一遍，就走了。忽必烈追问她想要什么，察必说："宋朝皇帝积蓄了这么多财宝留给子孙，可子孙没有守住，我怎么忍心拿呢？"说完头也不回地走了。

当时，南宋的全太后在大都，因为水土不服，不习惯北方生活，察必皇后善心大发，请求忽必烈放她回江南，忽必烈不肯答应。一直求了三次，忽必烈才说："尔妇人无远虑，若使之南还，或浮言一动，即废其家，非所以爱之也。"然后要求皇后多做全太后母子的思想工作，多加体恤，使其心安。察必皇后兰心蕙质，一点即透，以后不再提放还之事，而是配合夫君的指示，大搞怀柔政策。后来，全太后母子二人觉得南归无望，便出了家。察必皇后还特此拨了360公顷免除租税的土地作为二人的生活费。难怪全太后对自己的家国仇人心生感激，这都归功于察必皇后的"统战"工作做得好呀。

这是一位率真的女子，聪明、大气、能干，而且朴实得可爱。虽不如历朝汉族大家闺秀伶牙俐齿，可朴实的语言更有震撼力。她的行动也更令人敬仰。她是一个男人的挚爱，也是一个民族的骄傲。

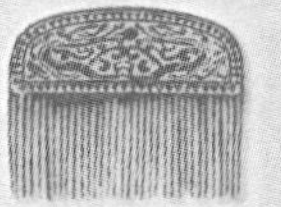

马皇后

——圣慈贤德的楷模

马皇后，名秀英，安徽凤阳宿县人，濠州红巾军郭子兴的养女。至正十二年（1352年），郭子兴将其许配给部将朱元璋。明史上称她仁慈有智鉴，好书史。明朝建立后，朱元璋册封她为皇后，对她十分信赖，多次听从她的意见宽免大臣过错。因此有人将她与唐代的贤后长孙皇后相提并论。

政治或历史文化中，母性力量的缺失，必将导致一个时代的性格向冰冷、残酷或者黑暗变异……

患难夫妻　革命伉俪

马皇后是明朝开国皇帝朱元璋的原配妻子，据说有一对大脚。农村的姑娘，大脚便于干活，时逢元末乱世，大脚又便于逃乱。

马皇后自幼丧父母，被红巾军头领郭子兴收养。后来，朱元璋投奔郭子兴的帐下，造反闹革命。明史上说他长得“姿貌雄杰，奇骨贯顶。志意廓然，人莫能测”。长得如何奇特，我们不得而知，反正是吓了郭子兴一跳，但一想这样的人物在战场上能“长自家威风，灭敌人志气”，遂收为亲兵。后来，因朱元璋作战勇敢，屡战屡胜，郭子兴认为其是个人才，便将闺女嫁给了他。

史书上说马皇后“有智鉴，好书史”，这就说明她是个有才华的女知识分子。当年，在农民起义军中，自然是个不可多得的“宝”。因此，朱元璋在部队里的花名册、记账单等簿籍，都交给马皇后掌管。马皇后是个很有责任心的革命好干部，无论兵多荒、马多乱，也未曾遗忘丢失。也许是朱元璋的仗打得太好，在军中威望太高，于是导致别的部将嫉妒，他们在郭子兴耳边进些谗言，使得老郭对自己的干女婿产生怀疑，准备将其“清洗”，纯洁自己的革命队伍。好在马皇后知道，革命队伍的政治思想工作不是东风压倒西风，就是西风压倒东风。敌人能吹风，她也能。因此，她大做郭子兴的老婆（也就是她的干妈）的思想工作，耳边风的工作卓有成效，郭子兴和朱元璋终是“嫌隙得释”，又和好如初了。

郭子兴对马皇后有养育之恩，而且视为己出。然而嫁出去的闺女就如泼出去的水，结婚后马氏的心自然就偏到老公这一边了。她和朱元璋一起闹革命的时候，正碰上大欠之年，加上当时郭子兴又怀疑朱元璋，正给他小鞋穿，故意欠其粮饷，不给吃饱。马皇后心疼自己的老公，便偷偷从娘家偷来烧饼，带给朱元璋吃。史书上说“后窃炊饼，怀以进，肉为焦”，想想看，为了让自己老公吃到热烧饼，竟不惜把皮肉烫坏，可见情有多切、爱有多深了。一个女人爱起男人来，常常会闪耀出母性的光辉，止不住的呵护之情往往让人动容。除了从娘家偷烧饼，她还想尽办法积攒些干粮肉脯给朱元璋吃，而自己却常常饿得睡不着觉。

除此之外，马皇后还善于利用自己“领袖夫人”的身份，把革命队伍的妇女工作抓得有模有样。当年，朱元璋攻克南京后，因为周边是陈友谅、张士诚两个军阀，天天都打仗，马皇后就亲自带领一帮妇女缝衣服、做鞋袜，做支军模范，为前线战士们提供军需。朱元璋率师亲征，为鼓励士气，她还将后宫的金银财宝、绸缎丝帛全拿出来犒劳将士。

值得一提的是，马皇后对战争的本质有着深刻的认识，曾不断提示夫君，定天下要以德服人，而非“杀人为本”。她说得很有道理，朱元璋觉得也是。当然，定了天下后，功臣就不算“人”了，所以想打屁股就打屁股，想砍头就砍头，这自然又是另一回事。

这些事情给朱元璋留下很深的印象。后来，他做了皇帝，不忘夫妻患难之情，将马皇后扶上正位，还经常在大臣面前回忆往事，说那一段峥嵘岁月可与汉光武帝刘秀未成事时与部下在河北饶阳滹沱河畔芜蒌亭吃麦饭、喝豆粥的典故相比，并夸赞马皇后的贤德可与唐太宗的长孙皇后相媲美。后来他把这些话讲给马皇后听，马皇后趁机委婉进谏，劝他善待大臣。她说："我听说夫妇互相扶助比较容易，君臣互相扶助就难了。陛下既然能不忘与我共同度过的贫贱岁月，但愿也能不忘与您的臣下共同度过的艰难岁月。况且我又怎敢与长孙皇后相比呢？"

后宫楷模　好学典范

马皇后做了第一夫人后，特别勤于内治。她积极发挥女知识分子的特点，在内宫的治理工作上"讲求古训"，并注意借鉴前朝的经验。她觉得宋朝有许多贤惠的皇后，便命女史摘录她们的家法，经常翻阅查看。有人说，宋朝的皇后太过仁厚了吧？马皇后反问道："过于仁厚有何不好？总要比刻薄好吧？"

又有一天，她问女史道："汉朝的窦太后为什么那么喜欢黄老之学呢？"女史说："清净无为为本。若绝仁弃义，民复教慈，是其教矣。"马皇后据此叹道："孝慈即仁义也，讵有绝仁义而为孝慈者哉？"其实马皇后大谈仁义之道，是别有用心的。因为她深知她丈夫禀性严峻，刚愎自用，当了皇帝以后一直疑神疑鬼，对大臣总是刻薄寡恩，完全不把人命当一回事，所以她期望以这样的方式提醒丈夫要宽待臣民。

朱元璋脾气很坏，在朝廷常常拿大臣撒气。回到后宫，也常看这个不顺眼，看那个不顺眼。每当老朱发飙的时候，马皇后也会装作发怒的样子，然后命令将其移交司法机关处理。事后朱元璋问老婆为什么要这样做？马皇后意味深长地说："皇帝不能因为自己一时高兴或生气就给人奖赏或惩罚。当陛下生气的时候，恐怕会给予过重的惩罚。把他们交给司法机关，就能做出公正的判决了。陛下今后要定某人的罪，还是应该移交司法机关的。”

当然，马皇后也深知行动是最好的榜样。她把仁厚道德总结成一个字，那就是爱。为了让丈夫明白什么叫爱，她做了许多细致有效的感化工作。她爱自己的老公。她深知要温暖一个男人的心，首先应温暖他的胃。因此关于领袖的饮食问题，她一直作为工作的重中之重，每次都要亲自去御膳房“躬自省视”。她也爱别人的孩子。马皇后克服了女人的嫉妒心，对于妃嫔宫人，如有因被皇帝宠爱而生下孩子的，她都非常厚待，并“命妇入朝，待之如家人礼之”。她还爱天下的百姓。这方面，马皇后主要是在勤俭持家方面狠下工夫、大做文章。她以身作则，平常穿的衣服，洗了又洗，早已破旧不堪，也不愿换新的。后来听了元世祖的察必皇后煮弓弦织帛衣的故事，大受启发，又捡起年轻时的手艺，命人在后宫架起织布机，亲自织些绸衣料、缎被面什么的，然后以皇家献爱心的名义赐给那些年纪大的孤寡老人。而剩余的布料，马皇后则裁成衣裳，赐给王妃公主，让她们知道“天桑艰难”，老百姓不容易。

这样的好皇后，自然得到大家的爱戴。便是如朱元璋这样本性酷烈的人，对于马皇后也是一往情深，在她死后痛哭不已，并不再立皇后。后宫的宫女们更是念她的好，曾作歌以示纪念，歌曰：“我后圣慈，化行家邦。抚我育我，怀德难忘。怀德难忘，于万斯年。毖彼下泉，悠悠苍天。”

仁慈微谏　教化老公

朱元璋曾这样夸奖马皇后：“家之良妻，犹国之良相!”这话一点不假。马皇后的伟大之处，便是不怕朱元璋的坏脾气，并敢理直气壮地吹耳边风。众所周知，朱元璋不喜欢女人干政，他认为“后妃虽母仪天下，然不可使干政事”，因为“宠之太过，则骄恣犯分，上下失序”，因此还特地命人纂述《女诫》，以示警诫。但马皇后是个例外。

有一次，马皇后问朱元璋道：“如今天下老百姓安居乐业了吗？”朱元璋不高兴地回答：“这不是你应该问的。”马皇后振振有词地回敬道：“陛下是天下之父，妾辱为天下之母，那么子民们的安康，为何不能问？”也许正是马皇后文化水平高，说得又在理，所以朱元璋对她的话大多听从。

朱元璋脾气很坏，在殿前开国务办公会议，动不动就会暴跳如雷，大发脾气。而发起脾气来，别人常要掉脑袋。他太过刚愎自用，许多事情不调查，也不研究，盛怒之下就会大开杀戒。马皇后虽然做了不少教化工作，可就是感化不了他。他是皇帝，可以为所欲为，从不改变他的思考方法和处事原则。对此，马皇后只能尽最大努力，想着办法劝他。好在马皇后的话他还能听入耳，因此也救了不少性命。

有一次，一名叫郭景祥的封疆大吏镇守和州，有人揭发说郭景祥的儿子手持长枪要杀父亲。朱元璋大怒，当场表示要处死这个逆子。马皇后说：“郭景祥只有一个儿子，传言也许不可靠，杀了他的儿子恐怕就断了郭景祥的后代了。”后来朱元璋派人调查，果然是谣言。

还有一次，大学士宋濂因为孙慎一案受到牵连。逮捕入狱后，按案情严重程度当斩。皇后闻其贤，不忍让他这样无辜死去，便对皇帝说：“老百姓家都知道为子孙而宽待老师，以求礼教有始有终，你是天子，岂能没有这样的见识和肚量？何况宋濂年纪一大把了，退休在家，肯定是不知情的。”朱元璋正在

马皇后像

气头上，不听。过了一会儿，皇后伺候他用餐，但不上酒肉。皇帝问何故。马皇后说："我是为宋先生做福事呀。"皇帝听了心里一动，恻隐之心顿生，放下筷子饭都不吃了。第二天终于想通了，赦免了宋濂，将其安置到茂州。

另一个关于马皇后贤德的有名故事，与安徽的大商人沈万三有关。当时，沈万三富可敌国，有"财神爷"之称。朱元璋看他有钱，就想诈他一笔，让他为建造南京城墙出点银子。沈万三财大气粗，竟把城墙工程费用的三分之一包下来。后来，沈万三意犹未尽，或是想拍朱皇帝的马屁，又主动提出为朝廷犒军。没想到马屁拍到马腿上，朱元璋一听大怒："小小匹夫竟想犒劳天子的军队，贼心不小，乱民呀，该杀!"马皇后觉得不妥，一个势利商人，只是有些不知天高地厚罢了，罪不至死。

所以就劝道：“妾闻法者，诛不法也，非以诛不祥。民富敌国，民自不祥。不祥之民，天将灾之，陛下何诛焉！”皇帝一听，有理，便改变想法，把这个倒霉的商人发配到山高水远的云南去了。

马皇后身为女知识分子，除了仁慈宽厚之外，还有更深刻的一面。明朝将领攻克了元朝的首都后，把缴获的金宝美玉送回南京。朱元璋看到这些宝物喜形于色，马皇后却在一边泼凉水：“元朝有这些财宝却不能保住国家，我想，大概真正的帝王们另有其他宝物吧？”朱元璋一愣，沉思片刻，说：“我懂了，皇后的意思是人才是宝。”马皇后接着说：“陛下说得对。

明太祖朱元璋像

我与陛下从贫贱出身而能有今天，我常担心骄横纵恣由奢侈而生，国家危亡皆细小之处而起，所以希望广召人才以共同治理天下。”马皇后接着又说：“法屡更必弊，法弊则奸生；民数扰必困，民困则乱生。”皇帝一听，真是至理名言呀，马上叫来女史录入史册。

在她生命的最后关头，她还是进谏不止。洪武十五年（1382年）八月，马皇后得了重病，卧床不起。皇后知道朱元璋的坏脾气，害怕治不好而连累医生，竟坚持不肯服药。弥留之际，朱元璋问她还有什么话讲。她说：“愿陛下求贤纳谏，慎终如始，子孙皆贤，臣民得所而已。”

史书上还说，马皇后出殡那天，南京百姓几乎倾城而出，自发为她送葬。时值盛夏，史载那天忽然电闪雷鸣，下了一场瓢泼大雨，那扶老携幼的万千百姓在大雨中恸哭，竟然没有一个回家躲雨的。

然而，自从马皇后死了以后，朱元璋愈加孤独，脾气也越来越暴躁，打大臣的屁股更频繁了，大臣们的脑袋也更容易掉了。那些倒霉的大臣宫女妃嫔，恐怕比朱元璋更加想念马皇后。

马氏作为一个平凡女子，生在乱世，有胆有识，在艰难逆境中帮助朱元璋成就大业；在大富大贵时，不奢不骄，始终不忘民间疾苦，不改勤俭本色，并用自己的言行来规劝、影响皇帝朱元璋，做出极不平凡的业绩。马皇后对后世影响极大，明、清诸后乃至命妇民妇皆以其为楷模，争相仿效。

美人地理

明孝陵 坐落在江苏省南京市钟山南麓玩珠峰下。明太祖朱元璋和马皇后合葬于此。明洪武十四年（1381 年），朱元璋命中军都督府佥事李新主持陵墓的营建工程，第二年八月，马皇后去世，九月葬入此陵墓，定名为“孝陵”。洪武十六年（1383 年）五月，孝陵殿建成。洪武三十一年（1398 年），朱元璋病逝，与马皇后合葬于此陵。明孝陵的附属工程一直延续到永乐三年（1405 年）。明孝陵是中国现存最大的陵墓之一。

陈圆圆

——冲冠一怒为红颜

陈圆圆（1624—1681），原姓邢名沅，字畹芬，幼从养母陈氏，故改姓陈，江苏武进人。圆圆初为田畹歌妓，后为吴三桂之妾。李自成破京师，掳圆圆，吴三桂冲冠一怒为红颜，遂引清军入关，攻破李自成，圆圆复归三桂。后吴三桂为滇王，圆圆随往。晚年为女道士，改名寂静，字玉庵。

不得不提的情事

这位美人的名字，虽然在民间口熟能详，可在正史上还有待考证。《明史》写作“沅”，字畹芬。《庭闻录》则明确记载：“陈姬，名沅，字圆圆。”据说她本姓邢，只因母亲早逝，幼从养母陈氏，故改姓陈。

后来大概是家里太穷的缘故，圆圆流落至苏州，“卖身为妓”。因为有倾城之色，更具天籁之音，所以时人盛赞她“声甲天下之声，色甲天下之色”。按钮琇《觚剩》的说法，她“每一登场，花明雪艳，独出冠时，观者魂断”。与她曾有一段萍水之缘的冒辟疆，也说她“擅梨园之胜”，并在《影梅庵忆悟》里回忆道：“其人淡而韵，盈盈冉冉，衣椒茧时，背顾湘裙，真如孤鸾之在烟雾”，而听了陈圆圆“咿呀啁哳之调”，简直要“欲仙欲死”。

关于冒辟疆和陈圆圆，还有一段不得不提的情事。从某种程度上讲，陈圆圆后来被皇亲掳去，与他还有些扯不清的关系。当初，陈圆圆对这位明末四公子之一的冒襄（字辟疆）可谓情有独钟。初次见面后，就“牵衣订再晤”，期望冒公子偕她游玩，或看光福梅花，或观虎丫丛桂，一副情窦初开的娇痴样，真是可爱得紧。只是冒辟疆有“省觐”的大事，“不敢迟留”，方才作罢。后冒辟疆再访陈圆圆，却听说“已为窦霍豪家掠去，闻之惨然”。本以为“佳人难再得”，谁料却是一场虚惊。可能是陈圆圆得到好心人通报，所以被抢去的是一个假的陈圆圆。于是在朋友的引荐下，冒襄复见陈圆圆。大概这个时候，陈圆圆已经预感到危险将至，所以第二天一早，便淡妆登舟拜诣冒母，随后卒然以终身相托：“余此身脱樊笼，欲择人事之。终身可托者，无出君右。”冒辟疆大概一时回不过神来，只好尴尬回绝道：“两过子，皆路梗中无聊闲步耳。子言突至，余甚讶。”当时冒辟疆正苦恼如何处理老父亲的祸事，因不想连累陈圆圆，所以“坚谢”。失望的陈圆圆只好约定等他处理完老父亲的事后再细细商定。

崇祯十五年(1642年)春，处理完家事的冒辟疆再过苏州，准备践约谢答陈圆圆。不料十天前，陈圆圆已被皇戚田弘遇的门客强行买去。当然，这一次是真的。虽

沙馥（清）《芭蕉美人图》

然陈圆圆身为苏州城的“超级巨星”，有数量众多的FANS，曾被抢了回来，可人家是皇亲国戚，又是用“大言挟诈”，又是“不惜数千金为贿”，所以陈圆圆终被田弘遇强行“采购”，作为“大礼”送至京城。冒辟疆在《影梅庵忆悟》中对于此事件的回忆是相当坦然的。这本书是他为纪念亡妻董小宛而写的，所以文中提及陈圆圆，多以“礼”待之，间或夹杂点“你有情，我无意”的公子哥的得意来。便是陈圆圆被皇亲掳去，他也只是“怅惘无极”，并且从心理和道义上，他也以为“急严亲患难，负一女子无憾也”。既然如此，也就没什么好说的了。

田弘遇为什么要抢她?

田弘遇如此霸道，全是沾他女儿的光。由于这位田贵妃“能书，最机警”，很受崇祯的宠爱，身为国舅爷的田弘遇自然身价百倍，官至右都督。据张岱《石匮书后集》的记载，他仰仗女儿得宠，“窃弄威权”，京城里没有一个人敢得罪他，气焰非常嚣张。

然而，建立在美色恩宠基础上的权势，总是不牢固的。孙承泽的《思陵典礼记》记录了这样一件事：当时的大太监曹化淳从南方掠来不少美女，供崇祯玩乐。崇祯被女色迷住，竟“累月未与（田）妃相见”。看着女儿失宠，田弘遇心里自然也不好受，危机感与日俱增。这位让他“一步登天”的宝贝闺女是养女，如今宝贝不灵光了，那就不妨换一个。

因此皇家大盗田弘遇打着皇帝的旗号，趁南海进香的机会，携带千人，在沿途所经之地非抢即夺，一是劫财，二是劫色。只要听说有点姿色，不论娼妓还是良妇，或暴力行抢，或高价购买，定要到手方才罢休。地方官吏惧其势力，谁也“不敢诘问”。田弘遇这样做，便是期望寻找另一个可以取悦崇祯的“宝贝”，以此来巩固自己的权力与地位。陈圆圆正是在这种情况下被田弘遇看中的。可令田弘遇郁闷的是，当他兴冲冲地把陈圆圆进献给崇祯时，大明朝已是大厦将倾之际，焦头烂额的崇祯早已没有精力和心情顾及美色了，田弘遇如意算盘因此落空。更令田弘遇坐立不安的是，田贵妃也于崇祯十五年（1642年）病逝，这使得田弘遇备受打击。沮丧之际，田弘遇只好先把陈圆圆领回自己府第，将其收为养女，好好供养，寻找“交易”的良机。

动荡之秋，要保住权力和财富，自然是拥有兵权最重要。此时，他看中了年轻有为、拥有重兵又深受器重的吴三桂，便有心与之交结。崇祯十六年（1643年）夏，三桂进京见皇上，田弘遇趁机请邀至府上“观家乐”，以博取其欢心。

酒宴上，陈圆圆且歌且舞，其舞姿，体态轻盈，飘飘欲飞；其歌声，音质清丽，恰似夜莺啼鸣。三桂看得“神移心荡”，对于倾城之色的圆圆更是赞不绝口。田弘遇一看激起了吴将军的兴致，便不失时机授意陈圆圆亲自为其斟酒。酒过三巡，两人眉来眼去，已经你浓情、我有意了。老谋深算的田弘遇乘机将圆圆慷慨相赠。大喜过望的三桂也不想白要，从崇祯所赏银两中拿出千金付给了田弘遇。吴三桂满意了，陈圆圆也应该不会反对，毕竟托付一位英武的大将军，远比一个糟老头子强得多。而田弘遇在得到“寇至，首先保护君家无恙”的承诺后，也应该满意了。因为他以陈圆圆为诱饵，终于钓到了一只能够看守门户的狼。

吴三桂冲冠一怒真是为她吗?

吴三桂背负“重色轻国”的千古骂名，全拜他同时代的诗人吴梅村所赐。吴梅村在《圆圆曲》中写道：“恸哭六军俱缟素，冲冠一怒为红颜。”另有“不为君亲来故国，却因女子下雄关”的诗句，都是讽刺吴三桂只为红颜，竟将大好河山送于清廷之手。据李克敬《儒林琐记》所载，当初吴三桂读了这几句，很不舒服，便偷偷派人“贻三千金请改其语”，诗人却骄傲地拒绝了。

对于这件事，《明史》的说法是“闻爱姬陈沅被刘宗敏掠去，愤甚”，《清史稿》说“闻其妾陈为自成将刘宗敏掠去，怒”。《庭闻录》的描述更为生动，说是在将山海关交付给李自成后，在前往北京途中，吴三桂得知父亲吴襄被捕、家产被抄，起初反应还不大，可当得知爱妾陈圆圆被刘宗敏掠走后，气得咬牙切齿，恨恨说道：“大丈夫不能保一女子，何面见人耶!”立马回过头来攻打山海关。

由此看来，说吴三桂“冲冠一怒为红颜”一点也不为过。对此，有人称其为实录，并盛赞诗人为“诗史之董狐”。但也有人以为《圆圆曲》是文艺作品，不是史笔。并推想是因为吴三桂引清兵入关，民愤甚巨，才想寻出一个陈圆圆，用以鄙薄他“为君亲报仇”的冠冕堂皇的口号。后来又因为吴三桂成为“贰臣”、“叛贼”，所以二三百年后的史官，无论治《明史》或《清史稿》，也就别有用心地采信传说，“如是我闻”了。

那么，吴三桂到底为何要引清兵入关？对此，我们不妨从历史的细节作合理的推断。这就要从吴三桂复杂的性格说起。

首先，他“英略独擅”，是明朝一员有勇有谋的虎将，勤

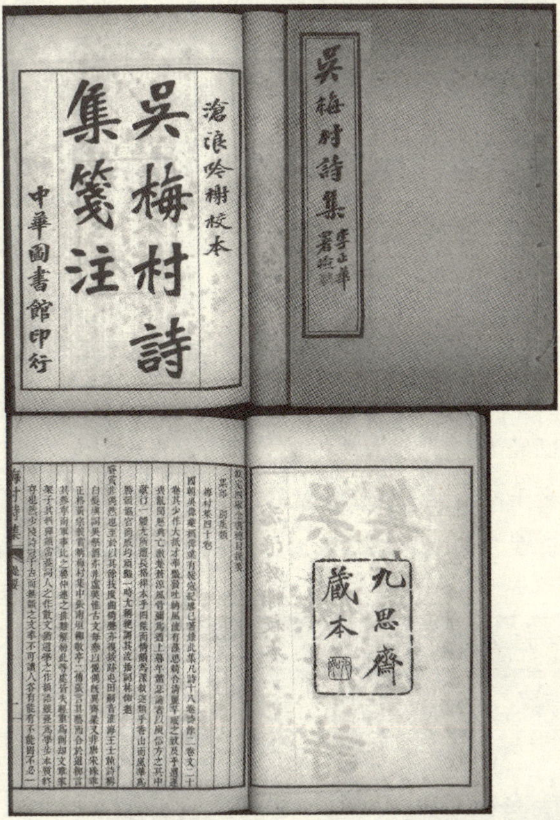

吴梅村诗集

于读书习武，“终日无惰容”，而且善于治兵，20 岁荣升为游击将军，27 岁时就被任命为宁远团练总兵。《明史》记载，他所率领的部队“胆勇倍奋，士气益鼓”，“凡三战，松山、杏山皆捷”。特别是他当总兵后，“忠可炙日，每逢大敌，身先士卒，绞杀虏级独多”。明人看重“求忠臣于孝子之门”，而吴三桂要算忠孝的杰出典范。他曾率数十家骑，冒死杀入数万清军的包围圈中去拯救父亲，可谓孝子；后在锦州城下，亲舅舅祖大寿来信招降，他用战斗来回应，可谓忠臣。

然而，他的性格极其矛盾，转瞬又会“冲冠一怒”，弃全家生命于不顾。他虽然神勇无比，可在事关明清命运的松山决战中，一向“敢战”的他却突然全身而退。而在京城告急、崇祯下旨命他“勤王”时，从他驻守的宁远（今天辽宁兴城）到山海关仅120公里距离，本应昼夜兼程赶赴，可他“迁延不急行”，整整走了八天。这中间他有没有别的考虑，那就不得而知了。

以这样的速度“勤王”，看来吴三桂并不是很把崇祯的死活放在心上，而是一直在盘衡利害。李自成占领北京后，随即“令诸将各发书招三桂”，并在三月底携带四万两白银前往山海关，赏赐已经14个月没有军饷的吴部，后再次派人“携带万两白银和黄金千两给吴三桂，并发书封侯”，同时令吴三桂父亲吴襄写信招降吴三桂。再三盘算后，吴三桂终于决定“报使于自

吴三桂的大刀和七星宝剑

成，卷甲入朝”。可就在把山海关交付李自成的人马后，在回京的路上听说自己的女人被刘宗敏掠去，不禁怒发冲冠，愤然引兵反击“自成所遣守关将”，彻底与李自成决裂。也就是为争这口气，他向清朝乞兵。当然，他肯定不会说是为了一个女人，而是以“亡国孤臣”的名义，恳请清朝出兵助他复仇。

坦率地讲，当初吴三桂并非诚意降清，只是想借力复仇罢了。所以多尔衮欲封他为藩王时，他则在回信中对是否“来归”并没任何明确表示，只是含糊应对。《谀闻续笔》里也记载吴三桂请求多尔衮“毋伤百姓，毋犯陵寝。访东宫（明太子）及二王所在，立之南京，黄河为界，通南北好”。后吴三桂起兵反清，在讨清檄文中还指责多尔衮“逆天背盟，乘我内虚，雄居燕都，窃我先朝神器”。清廷对此不敢正面回答，这就说明吴三桂当年与清朝的盟约并非子虚乌有。

然而，李自成在山海关之战被吴三桂击败后，竟杀了吴全家40余口，彻底打破了吴三桂的幻想，也将吴三桂逼上了道义的绝境。在他看来，国仇（明朝的灭亡）家恨（全家被杀）全应归罪于流寇李自成。于是，他终于弃民族利益于不顾，死心塌地投降了清朝，在征战杀戮中一泄心中的愤懑。

关于陈圆圆结局的多个版本

关于陈圆圆的结局，有一种说法是死在宁远。其凭据是钱士馨《甲申传信录》中的片言碎语，说是刘宗敏向吴三桂之父吴襄索要陈沅（即陈圆圆）。吴襄回答说，陈已被送到宁远吴三桂处去了，而且已经死了。刘宗敏不信，便再三拷问吴襄，“酷甚”。严刑拷打之下的逼供之词，自然不足为信。况且书里也曾清楚记述吴三桂是留圆圆于京而只身出关的。再者，刘宗敏抢陈圆圆，在《明史》、《清史稿》及《平定三逆方略》等正史里都有记载，也不应是空穴来风。

最普遍的说法，认为吴三桂将李自成赶出北京后，陈圆圆又回到了吴三桂的身边。吴梅村在《圆圆曲》中这样描绘他们的战场相逢："娥眉马上传呼进，云鬟不整惊魂定。蜡炬迎来在战场，啼妆满面残红印。"此后，陈圆圆便跟从吴三桂转战南北，十几年随侍军中。后来吴被封为平西王，留镇云南，陈圆圆也随居昆明。

据现有史料推知，圆圆至滇时已35岁左右，可风韵犹存，能歌善舞，通情达理，"故专房之宠，数十年如一日"，两人相爱甚欢。明遗民李介立在《天香阁笔记》中还记载，吴三桂曾向江南各省发文，责令地方官员代为寻找陈圆圆的父母和大哥。找到后，"以礼款"，颇为敬重，可见吴三桂对圆圆的情义。这件事在《武进县志》里也有所记载。随着时间的推移，美人容颜凋谢，加上吴的大老婆"悍妒绝伦"，所以圆圆"屏谢铅华，独居别院"，潜心修佛，远离红尘是非恩怨。

然而"树欲静而风不止"，野心很大的吴三桂再次举兵反清，从而招来灭门之祸。城破之日，也便是陈圆圆的生命终了之时。刘健《庭闻录》说："辛酉城破，圆圆先死。"不过怎样死的，则有多种不确定的说法，或说自缢而死，或说绝食而死，或说投滇池而死。

还有一种说法，陈圆圆随吴入滇不久，便"病殁，葬商山之侧"，道光时编修的《昆明县志》谨慎地记载道："父老云，有圆圆墓焉。其旁即梳妆台遗址。"父老云，就是乡间流传的野史了，自然不足信。据史学者考证，认为民间传说的圆圆墓实为永历帝冢，当时滇人担心清兵掘墓，才伪称为梳妆台。

耐人寻味的是，清军攻入昆明后，查吴三桂的籍簿，上面的确没有陈圆圆的名字，也不见其人。于是，便有了另一种说法，那就是陈圆圆没有死。康熙年间，有人写诗《野园歌》歌咏陈圆圆，其中有“夷光未去走麋鹿，红墙碧树鸟栖哀”的隐晦诗句。诗人怕别人看不懂，还特地注上：“滇城破，圆圆犹在。”

那么，陈圆圆最终结局如何呢？最通行的说法是清兵平滇时，陈圆圆已归隐三圣庵，出家为尼，年八十死，葬于归化寺侧的昙花庵旁。这个说法源于黎木庵（云南省巡盐道尹）《三圣庵访陈圆圆遗像记》的记载。

不过，还有一种令人称奇的说法，就是陈圆圆在吴兵败之际，为不使吴三桂绝后，在大将马宝的护送下，带着吴三桂的儿子吴启华到思州（今贵州省岑巩县）的鳌山寺避难，并在山下定居，终老此地。如今，那里的狮子山上有一座古墓，立有一块隐讳的石碑，当地人说那便是陈圆圆的安息之地。山下马家寨有1000多户人家，都姓吴，均称是吴三桂的后代。当地还有马宝的坟墓，坟前同样刻有蕴义晦涩的石碑。不过，这个有护送之功的马宝，《清史稿》明确记载他于康熙二十年（1681年）兵败投降，第二年春天就被车裂。但也可能此马宝非彼马宝。不管如何，若是这个当地人讳谈的“陈老太婆”真是陈圆圆，那这个爱情故事也算“圆满”了。“香火”得以延续，陈圆圆终不负他，“冲冠一怒”的吴三桂便是背负历史罪人的恶名，也应坦然了。

吴三桂以“全家白骨成灰土”的代价，换来“一代红妆照汗青”的爱情传奇。平心而论，这绝非他的本意。身为男人，他“冲冠一怒为红颜”也没什么错。只是把亡国的罪过全归于他一人头上，未免有点苛刻了。而陈圆圆在这个颇有争议的事件中，也只是一个象征性的悲剧符号罢了。

田弘遇府旧址　　现在的北京市张自忠路23号，就是陈圆圆住过的田弘遇府旧址。

吴三桂旧宅　　西单中友百货的北侧是东西向的小石虎胡同，胡同中有一座规模颇大的青砖瓦房院落，现为“民族大世界服装市场”。这里在民国时期先为北洋政府的蒙藏院，后为蒙藏学校。据北京地理风物专著《燕都丛考》记述，西单小石虎胡同蒙藏院原是吴三桂故宅。

孝庄

——匡扶大清的国母

孝庄文皇后（1613—1687），名布木布泰，蒙古族人，博尔济吉特氏，是蒙古科尔沁贝勒寨桑之女。她是清太宗皇太极的妃子、顺治皇帝的母亲、康熙皇帝的祖母，一生历经清初四朝。曾辅佐儿孙两代幼主，死后累加谥号为：『孝庄仁宣诚宪恭懿至德纯徽翊天启圣文皇后』，因此史称『孝庄皇后』。

她受皇太极的宠爱吗？

她姓博尔济吉特，名叫布木布泰，蒙古族人，是科尔沁部贝勒寨桑的二女儿。

她的传奇故事从她12岁时嫁给比她大20岁的皇太极开始。早在她两岁的时候，皇太极就娶了她15岁的姑姑（名叫哲哲）为嫡福晋。天命十九年（1634年），在她嫁给亲姑父为侧福晋9年后，她26岁的姐姐（海兰珠）也嫁给了皇太极，正所谓姑侄三人同嫁一夫。

这桩关系复杂的婚姻，是“满蒙联姻”的奇特产物。当初，努尔哈赤和皇太极为了笼络骁勇善战的蒙古科尔沁部落，便极力推行“满蒙联姻”的政策，双方互相嫁娶，从清开国之前一直延续到清末，即所谓的“北不断亲”。在清代，蒙古族皇后共有六位，其中四位出自科尔沁部，而且皆属寨桑家族。根据《清史稿》的资料统计，从清崇德年间到嘉庆年间，六朝共有十二位公主嫁往科尔沁部，其中六位嫁入寨桑家族之门，可见孝庄的家族是承蒙何等“浩荡皇恩”了。正如《清史稿》载，“科尔沁以列朝外戚，荷国恩独厚，列内扎萨克二十四部首。有大征伐，必以兵从”。

正是因为科尔沁家族的“外戚护戴之力”，才使得清朝得以一统天下，中外帖然。也正因如此，在后宫中，庄妃姑侄的地位自然举足轻重。她的姑姑哲哲被封为“中宫皇后”，姐姐海兰珠被封为“关雎宫宸妃”，而她则被封为“永福宫庄妃”。

从现有的史料分析，嫁给皇太极后，庄妃并不是很得宠。在皇太极的五位正妃中，她进宫时间排在第二，可位次却列在最末，其中最主要的原因可能是她连续生了三个闺女，没有皇子。而且五宫中，她们姑侄便占其三，皇太极还要考虑政治联姻的平衡问题，加上她年纪太小，可能才对她刻意冷落吧。当时，皇太极最宠爱的人是比她大四岁的姐姐海兰珠。特别是海兰珠生了一个男孩后，皇太极更是异常高兴，特地颁发了清朝第二道大赦令："今蒙天眷，关雎宫宸妃诞育皇嗣……"这就是要把宸妃所生的皇子立为皇位继承人。如果不是这个小皇子夭折，历史可能因此而改写。后来，皇太极在外面打仗，听说宸妃病重，扔下将士不管，立即骑马回返，后来传报说宸妃已断气，皇太极竟悲伤不能自持，陷入迷惘中不能自拔。

清太宗皇太极

庄妃为皇太极生下九皇子福临后，她的地位才稍有改观。《清史稿》记载："母孝庄文皇后方娠，红光绕身，盘旋如龙形。"后人分析是庄妃"耍心眼"，将珍珠宝石藏在纱裙内，宫灯照耀下使其发光，制造一种神秘的假象罢了。后来进一步制造气氛，说梦见神人抱一男孩交付给她，并告知：“此统一天下之主也。”于是大家都说庄妃有呈祥吉兆，传至皇太极耳中，自然也非常欢喜。那时，孝庄25岁，已经懂得像她姐姐一样讨皇上欢心了。

她与多尔衮的爱恨情仇

孝庄之所以能够拥子登极，做皇太后，民间传说是因为下嫁给拥有兵权的皇叔多尔衮，因为没有确凿的证据，所以还不能下此论断。不过，在福临的继位上，多尔衮确实起了很大的作用。

当初，皇太极猝死，没有遗诏，加上江山初创之际，诸王兄弟都战功赫赫，拥有兵权，谁也不服谁。当时胜算最大的要数皇太极的长子豪格和皇太极的弟弟多尔衮。但两边势均力敌，谁做皇帝都必然激起另一方不服。豪格虽是皇太极的长子，但他是庶出。五位正妃所生的皇子中，福临为长，再考虑到孝庄

多尔衮母子撤出庙享诏

顺治八年（1651年），多尔衮及其母亲孝烈武皇后阿巴亥的灵牌被撤出太庙。

宠贵的地位及强大的蒙古贵族背景，多尔衮便提议让福临继承皇位。经过一番紧张激烈的争执，终达成一致。这样，年仅6岁的福临登上皇位，多尔衮也如愿以偿地做了摄政王，而孝庄“母以子贵”，被尊为皇太后，时年32岁。

孝庄文皇后朝服像

顺治元年(1644年)，多尔衮占领北京，他将两宫皇太后及幼帝福临迎到北京，清朝从此入主中原。入关后，多尔衮继续发兵南下，并节节胜利。可以毫不夸张地说，他才是大清王朝实质上的缔造者和统治者。因此，他的摄政王也做得理直气壮。当时，皇帝年幼，他总揽朝政，居

清世祖顺治

功自傲，甚至把皇帝的玉玺搬到自己的王府里使用。对此，孝庄皇太后只能一再忍让。从清宫档案的记录来看，他的称号先是“叔父摄政王”，第二年又改为“皇叔父摄政王”，再过三年，定称号为“皇父摄政王”。后人推测，只有皇帝的母亲下嫁了，多尔衮才有可能被称为“皇父”。

与孝庄皇太后同时期的明遗民张煌言在《建夷宫词》中写道：

上寿觞为合而尊，慈宁宫里烂盈门。

春宫昨日新仪注，大礼恭逢太后婚。

这首词写于顺治七年（1650 年），以当时人记当时事，似有所据。但老一辈清史大家孟森先生在《太后下嫁考实》里对此进行批驳，以为张煌言是故明之臣，对清朝怀有敌意，所作诗句难免有诽谤之辞。而胡适先生认为孟森在《太后下嫁考实》中“未能完成释皇父之称的理由”，但由于都没有更确凿的证据，遂成疑案。根据蒋良骐《东华录》的记载，在诏告多尔衮的罪状中，不仅有自称“皇父摄政王”，还有“亲到皇宫内院”，这些都说明多尔衮和孝庄之间关系非同寻常，但到底有没有嫁，就是个难解的谜了。

更值得深思的是，顺治对多尔衮的态度前后反差极大。多尔衮做了七年摄政王，在一次打猎时突然发病暴死，年仅 39 岁。当时，顺治下诏书以皇帝的规格来安葬他，后来又追封为诚敬义皇帝，庙号成宗，升祔太庙。但第二年顺治亲政，马上翻脸，宣布多尔衮十大罪状，说他独擅威权、背誓肆行、妄自尊大、自称皇父摄政王、挟制皇上，“僭妄不可枚举”。一直“畏威吞声”的顺治终可以扬眉吐气，他把多尔衮原来所受封的爵号统统罢免，然后撤其庙享，诛其党羽。根据当时传教士卫匡国的《鞑靼战记》记载，顺治还掘了多尔衮的坟，将其鞭尸，可见顺治对多尔衮有多恨。

耐人寻味的是，为什么孝庄在这个过程中一直保持沉默呢？如果孝庄和多尔衮有私情，按孝庄的性格和为人来看，她不至于如此绝情。便是真为儿子的皇位着想，那么多尔衮的暴死也是一件皆大欢喜的事情，没有必要大张旗鼓地报复张扬。何况顺治亲政时才 13 岁，还是一个孩子。根据皇太后在顺治选妃、驾崩后修改罪己遗诏等来看，若没有皇太后的默许，他不可能这样做，群臣也不敢那样起哄。因此，可以大胆推测，孝庄和多尔衮的关系一直紧张，绝非民间传说中那样缠绵和恩爱。年轻时他俩没有感情基础，也不存在产生感情的可能；多尔衮推举福临登上帝位，只是出于政治博弈的权宜之策；而在此后，孝庄和顺治也只是任其摆布的棋子罢了。

多尔衮太过霸道，太过专权，他连顺治的哥哥豪格（豪格劳苦功高，当时还拥有重兵）都敢冤杀，还霸占其福晋，并"僭用龙衮"。那么，这个小屁孩皇帝顺治和柔弱的孝庄太后又算什么呢？如果他再多活几年（他死时不到40岁，有的是时间），或许真的会篡位。

从现有史料分析，多尔衮摄政时期，孝庄皇太后无所作为(多尔衮也不可能给她这样的权力)，一切权力都由多尔衮把持。一百多年后，聪明的乾隆皇帝终于看出端倪来。正如他封杀雍正帝的《大义觉迷录》一样，他为多尔衮平反，便是期望抹杀宫廷争斗的真相。把所有问题都推给"宵小奸谋"，爱新觉罗家族的宫闱丑事也就容易被后人遗忘了。

她与顺治的尴尬母子情

多尔衮死后，13岁的顺治开始亲政。根据《清史稿》及其他史料分析，顺治是一个容易头脑发热、性格特别激烈的性情中人。

在美国人恒慕义的《清代西人见闻录》里有这样的记载：顺治十六年（1695年），郑成功率十万大军北伐，围困南京，攻克苏皖四府三州二十四县，清廷为之震动。顺治皇帝惊慌失措，竟有退走关外回老家盛京的打算，孝庄申斥这是丢祖先功业的懦弱行为；于是他又头脑发热，说要统帅大军御驾亲征，孝庄再次批评这是轻率鲁莽之举。连续两次被母后批评，“使他勃然大怒，据说他受到了这番阻拦，一怒之下，剑劈了宝座”。可见顺治的年轻任性。

《清史稿》里关于孝庄和顺治帝的记载表明母子二人关系并不融洽，两人的最大分歧便是在顺治的婚姻方面。当初，从稳定江山社稷的大局出发，孝庄从科尔沁左翼中旗的几个哥哥那里招来四个蒙古姑娘，为儿子纳入宫中。其中，立为皇后的便是孝庄的大哥吴克善的女儿。但顺治帝很不喜欢她，忍了三年，顺治帝竟要以“无能”为由废后。孝庄不允，群臣亦百般劝阻，于是他又闹情绪，后来他在《端敬皇后行状》中写到此事：“……废后之性若是，朕含忍久之，郁慊成疾，皇太后见朕容渐瘁，良悉所曲，谕朕裁酌，故朕承慈命废之。”可见孝庄皇太后对这个任性的儿子是非常宽容的，最后只好做出让步。

后来，孝庄太后又将她的侄孙女嫁给儿子当皇后，可顺治还是不喜欢。当时，他最喜欢的女子是董鄂妃。这位董鄂氏并非民间传说的名妓董小宛，而是内大臣鄂硕的女儿。根据当时宫廷的德国传教士汤若望的记载，董鄂妃起初嫁给顺治的弟弟襄亲王，但被顺治帝看上，“起了一种火热爱恋”，后来襄亲王因嫉妒便怒斥了他的夫人，竟被顺治闻知，顺治还“打了他一个耳光。这位军人于是因愤致死”。顺治正好将董氏纳入宫中，很快就将其封为仅次于皇后的皇贵妃。

顺治深爱着这位曾经的“弟媳”，特别是董鄂妃生下四皇子后，他异常高兴，甚至想再次废后，改立董鄂妃。在顺治写的《端敬皇后行状》中，这位董鄂妃温柔贤惠，知书达理，非常懂得体贴人，而且“至节俭，不用金玉”，对顺治的劝诫既明理又顺耳，还可以和顺治一起参悟禅学，可谓顺治的“红颜知己”。然而董鄂妃纵是有一千个好，皇后的废立终是国家大事，不能儿戏。顺治的冲动自然招来孝庄的不满和愤怒，可她对太过性情的儿子又无可奈何，于是便把气全撒在董鄂妃身上。

当时，孝庄在南苑（北京永定门外20华里，是专供皇家冬天狩猎阅兵的地方）居住。就在董鄂妃生下皇子不久，孝庄便以自己身体欠安为理由，传口谕让董鄂妃前往南苑伺候她。董鄂妃只好拖着产后虚弱的身体，前往南苑照顾孝庄，这使得她的健康受到了严重影响。更为不幸的是，董鄂妃的孩子不到两虚岁便突然夭亡了。对原本心里苦闷的董鄂妃而言，这无疑是致命一击。此后不到三年，董鄂妃便在病痛中早早结束了生命，死时年仅22岁。

董鄂妃的死让顺治痛苦万分。万念俱灰下，他竟决定削发出家。僧人传记《续指月录》中说，就在董鄂妃火化后的当月，这位自号"行痴"的皇帝便请来一位名叫茆溪森的僧人为自己举行了净发仪式。后在各种压力下，顺治只好决定蓄发留俗，继续当他的皇帝。回到宫中不到三个月，顺治便一病不起，因为心有不甘，就把自己身边的近侍吴良辅送到悯忠寺代替他削发为僧。五天后，顺治带着无限的惆怅，在紫禁城养心殿永远闭上了眼睛，年仅24岁。三个月后，他的遗体在景山寿皇殿火化，而主持火化的人，就是高僧茆溪森。

值得一提的是，《清史稿》里提到顺治到南苑狩猎的记载就多达22次，这说明顺治是个身强体壮、精力旺盛的皇帝，可为什么短短几天后就突然死去呢？同样在《清史稿》里，关于他的死只有短短11个字的记载。关于他的死因有各种版本，最有可能的原因是天花。当时的翰林院学士王熙，在他的《自撰年谱》里有此记载。因为王熙奉命起草遗诏，得以在养心殿与顺治进行最后的沟通，或许其间曾谈及此事。天花在当时是一种传染性极强、死亡率极高的疾病，大概是为了不引起朝野的恐慌，正史上才有意隐去这个事实吧。

她和康熙的融洽祖孙情

如上所述，顺治和孝庄的关系并不融洽。而孝庄对这个儿子似乎也不太满意，这一点，在后来顺治的罪己遗诏里有明显体现。

顺治死后，在孝庄的扶持下，8 岁的康熙登极。当时，顺治效仿明朝，重用太监，孝庄及时发现了苗头，并毫不留情地将其除掉。史书上载，太后“不预政”，这正是她的聪明和过人之处。如果说在多尔衮摄政时期，她还没经验和能力，那么经过顺治一朝的磨炼，如今她已经是德高望重、一言九鼎的太皇太后了。

据《清圣祖实录》记载：“甲子，江南桐城县生员周南诣阕奏十款……请垂帘以劝盛治之隆。”但这个请求被孝庄婉绝。然而“朝廷有黜陟，上多告后而行”。她对朝政的干预，更多的是一种巧妙的斡旋和制衡。正是在孝庄的悉心指点下，康熙才可以在 14 岁时除去权臣鳌拜，16 岁平定三藩，以及后来收复台湾，平定准噶尔，终成为一代英主。可以说，康熙大帝一生的文治武功，都与孝庄的细心教导分不开。正如康熙自己所说：“全赖圣祖母太皇太后鞠养教诲以至成立。”

《清史稿》里记载，孝庄经常面授机宜，培养康熙处理政务的能力。孝庄告诫他：“祖宗骑射开基，武备不可弛，用人行政上须公裁决。”“古称为君难，苍生至众，天子以一身临其上，生养抚育，莫不引领，必深思得众得国之道，使四海咸登

清圣祖康熙

康阜，绵历数于无疆。”这些谆谆教诲，使年轻的康熙受益匪浅。

孝庄的另一过人之处，便是超前的眼光和开放的心态。除了让康熙熟读四书五经、从传统文化里汲取治国经验外，还鼓励他多学习西方科技知识。据《清代西人见闻录》记载：当时常来宫中给康熙上课的外国人有德国人汤若望、意大利人利类思、葡萄牙人安文思、比利时人南怀仁等，给康熙教天文、数学、地理、绘画、医学……在平定三藩之乱时，康熙就让南怀仁设计了适合山区作战的轻型火炮，并且在作战时发挥了巨大的威力。

孝庄在悉心培养孙子理政的同时，也很注意自己“母仪天下”的作用。清初战乱频繁，国库空虚，兵饷不足。因此她崇尚节俭，终其一生，竟不曾修造过一处园林。便是她过生日时，为了不造成浪费，还明令不摆宴席。孝庄还经常将后宫省下的钱物拿出来赈济兵民。如“吴三桂作乱，频年用兵，太皇太后念从征将士劳苦，发宫中金帛加犒”。

孝庄的身教言传深深地影响着康熙。康熙统治期间，从宫廷到政府都比较清廉。《圣祖圣训》奏文曾将清宫的开支与明代做过比较，有着这样的记载：“宫中用度，木炭，明代二千六百万斤，今止七八万斤；红螺炭，明代用一千二百万斤，今用百余万斤；前明各宫床帐、舆轿、花毯等项每年用银二万八千二百余两，今俱不用。”

有这样的祖母辅政，可谓康熙之大幸。他8岁丧父，10岁丧母，自小是由孝庄抚养成长，所以祖孙之间的感情非常深，可谓千古罕见。而康熙对祖母的孝顺，也是自有帝王以来所未见。《清史稿》在孝庄太后传记中，用了大半篇幅描述康熙和他祖母之间的细节。《清圣祖实录》中同样有多处温馨的记载，譬如：“过八达岭，上至山麓下马，扶太皇太后辇，太皇太后念上步行劳苦，谕乘马，上奏曰：此处道险，必扶御辇，于始心安”。再如祖母病时，康熙“亲尝汤药，昼夜不离左右，传谕内阁，非紧要事勿得奏闻”。每一件小事都流露出康熙孝敬、爱戴祖母的真情实感。

孝庄75岁崩于慈宁宫，留遗诏。遗诏写自己盛年丧夫、中年丧子之哀情，全靠康熙一片孝心，才“使两世哀感之怀，大为宽释”，并称赞康熙“皇帝纯孝，亘古所无，大孝性成，超越古今”。孝庄去世30年后，康熙已是60多岁的老翁了，但与朝臣谈起祖母旧事，还是“辄涕下如雨，哀不自胜”。至今读起这些真挚的文字，依然令人不胜唏嘘。

美人地理

昭西陵（暂安奉殿）　孝庄后生前在慈宁宫东面新建了一座宫殿，她多次向康熙帝称赞这座宫殿，可是孝庄后未住多久就死了。为此，康熙帝就决定把这座宫殿搬迁到东陵，按原样重建。大殿在康熙二十七年（1688年）三月底竣工，因为还不是陵寝，所以命名为“暂安奉殿”。

神道碑亭　昭西陵前建有神道碑亭一座，用满蒙汉三种文字镌刻孝庄后的谥号。在清代首开皇后陵建神道碑亭之先例。

慈禧

——生性好强的女人

慈禧（1835—1908），叶赫那拉氏，满洲镶黄旗人。咸丰二年（1852 年），叶赫那拉氏入宫，时年 18 岁，封为兰贵人，咸丰四年封为懿嫔。咸丰六年，生穆宗同治于储秀宫，第二天便晋封为懿妃。咸丰七年被封为懿贵妃。咸丰帝驾崩，同治帝尊为圣母皇太后，徽号慈禧。1908 年，慈禧因病去世，卒年 74 岁。

她是个什么样的女人？

1835 年十月初十卯时，一个女婴诞生在北京西四牌楼劈柴胡同。她就是未来将统治中国 48 年的慈禧太后。

童年的慈禧非常聪明，在父亲的熏陶下，她从小就对诗文绘画很感兴趣。家里还给她请了老师，4 岁就开始习诗学画，直到 16 岁入宫。优越的家庭教育为她打下了良好的文化基础。

咸丰二年（1852 年），她被 21 岁的咸丰帝选中，封为兰贵人。兰贵人姓叶赫那拉，闺名是什么，就不得而知。因为一进宫就被封为兰贵人，所以大家都叫她兰儿。这位兰贵人能获得咸丰帝的宠爱，除却她的娇容媚貌外，还在于她的多才多艺。她善于唱江南的艳曲小调，犹如婉转莺歌，非常圆润动听。另外，她还通晓《诗经》、《论语》，能生动地讲解《式微》、《简兮》诸篇，连饱读诗书的咸丰都听得入神。而且她在书法、绘画等各方面都有很高的素养。这般妙人儿，咸丰皇帝岂有不爱的道理？

慈禧虽是小女子，却不爱写小楷，书法很有“大丈夫”的气势。据信修明《老太监的回忆》载：“太后喜写龙、虎、福、寿大字，六尺、八尺，极有气魄。”想想看，一个身高四尺余（一米五几）的小女人，竟要写八尺大的字，可见其霸气。也正因为个子小，所以她写大字时，便有一个有趣的细节，那就是“须拉纸者乘势一拉”。

在生活上，慈禧其实是一个相当精致的女人。她喜欢美，喜欢丰富的色彩，喜欢淡淡兰香的清新气味。她的寝宫不允许有一点异味，终日飘逸着水果味的清香。她喜欢喝杏仁露以及清香的茶，还特别喜爱饮用一种特制的香品，称为驻香露，据说可以“面肤去黑素，媚好溢香气”。另外，她还喜欢喝人乳，尝试各种养颜美容的秘方。因此，直到70多岁，慈禧依旧皮肤白嫩，风姿绰约。据宫里的宫女回忆，她每天都要花费两三个小时坐在窗前梳妆打扮，描眉刷鬓，敷粉擦红，直到衣服鞋袜周正之后，这才光光鲜鲜地出来，蹬着高约七八寸的盆底鞋，迈着轻盈盈的步子，满面春风，容光焕发。

除却工于打扮，慈禧更工于心计。即使在被打入冷宫后，也可以靠精明的算计收服皇帝的心，并有本事把冷宫变成皇帝的寝宫，最终赢得皇帝的宠爱。从26岁发动政变掌权到74岁去世，她统治中国48年。在近半个世纪里，她始终是一个成功

慈禧太后的老照片

者和控制者。慈禧很欣赏康熙皇帝的名言：心欲细而胆欲大。遇到种种政治风波，她都可以化险为夷。她巧妙地利用女人的优势，将狠和柔艺术性地融合在一起，使她成为一个收放自如、令所有男人为之颤抖的“女皇”。

她会不拘一格地重用曾国藩、李鸿章、左宗棠等汉臣，平衡满汉官员之间的矛盾，收拾内乱残局；她也可以在谈笑间收拾掉自以为手握大权的光绪皇帝，再次训政。她的第一位合作者——恭亲王奕䜣，由于太过狂妄，对她曾有不敬，便屡遭贬黜，尝尽了苦头。

面对每况愈下的清王朝，慈禧终其一生紧抓权力不放，其心理动机正如美国作家荷德兰先生在《慈禧与光绪》一书中所描述的：“从慈禧摄政之后所采取的政策看来，人们不会不感到，她完全明白自己曾经做过咸丰皇帝的妻子、现在是同治皇帝的母亲的这个皇室，正在腐烂……皇室的腐烂、外国的蚕食，再加上汉人对满族统治的反抗，使慈禧太后意识到，如想保住她的人民和这个朝代，必须要由一只比她丈夫有力的手来掌舵！这只有力的手，在慈禧太后看来，不是别人，而是自己，而且也只能是自己。”

她为什么要卖国?

慈禧太后虽有玩弄权术的头脑和机智，但缺乏政治家的眼光和魄力。在她眼里，无论什么国家大事，都没有她自己的尊荣重要。她只有小聪明，缺乏大智慧。

章太炎先生曾以一副对联说尽了她对国家所犯的大罪：

今日到南苑，明日到北海，何时再到古长安？叹黎民膏血全枯，只为一人歌庆有；

五十割琉球，六十割台湾，而今又割东三省，痛赤县邦圻益蹙，每逢万寿庆疆无！

1885年的《中法条约》，竟然是在清政府取得镇南关大捷、将法军逐出郎甲、击伤法军统帅尼格里、法国茹费里内阁垮台等一系列军事胜利和政治优势的前提下签订的。中国“不败而败”，法国“不胜而胜”的荒唐局面，只是缘于这个女人一心惦记着自己的五十大寿，只想赶快了结战事而已！

过寿和修园，是这个女人一生最大的嗜好。1884年，她最敬畏的慈安太后已经过世三年，最大的政敌恭亲王也被罢黜，50岁的西太后大权独揽，终可以无所顾忌、为所欲为了。她决定花费白银1万万两，倾全国之力修建颐和园。相比国家大事，为她修一座高级花园供其游玩解闷倒成了当务之急。这1万万两白银是个什么概念呢？相当于清廷一年半的国库收入，可以增建10支“北洋舰队”！更令人感慨的是，据当时在华的高层洋人估计，经过20多年或明或暗的“圈钱运动”，到了光绪初年（1875年），她已存有私房钱2万万两白银。然而她竟舍不得花自己的钱，而是利用海军的名义，玩些“建军祝寿”等近乎无耻的“把戏”，变相挪用海军经费为自己祝寿！

更具讽刺意味的是，10年后，就在甲午战争之际，慈禧太后弃国家利益于不顾，依然是一门心思地惦记如何给自己过一个豪华、体面的六十大寿庆典。她不但不肯将自己庆寿的经费改作军用，还再一次挪用军费挥霍，致使中国军队大败，最后签订了《马关条约》。条约规定，中国须向日本赔款2亿两白银，同时将台湾、澎湖列岛、辽东半岛都割让给日本。

战争失败的原因，史学家众说纷纭，莫衷一是。值得一提的是，自光绪十四年（1888年）以后，正当日本海军全力向前推进之时，中国海军竟然“未购一舰”！到1892年，又宣布因太后办寿需款，海军停购舰艇2年！当时朝鲜局势吃紧，李鸿章循部下之请，要求海军衙门拨款60万，购快炮20尊，以替代各主要舰艇上之慢炮。岂料户部和海军衙门两处竟一毛不拔。李氏不得已，只能从海军日常粮饷给养之中挤出20万两，聊购次等快炮12尊，以平舰上官兵之积愤。想想看，堂堂国家部门，官员捂着钱袋子不放，弃国家利益、法律程序于不顾，竟只是为了供一个妇人挥霍！

而我们的慈禧老佛爷是如何挥霍的呢？据清朝王朝最后一任总管太监小德张的回忆，慈禧太后当年一天的生活费，大致是纹银4万两！这是一个什么概念？以此推算，宫廷半月之费，可买吉野级巡洋舰一艘；两月之费，可购一超级主力舰；一年之费，足可以装备一支世界前十位的海军舰队！这么多钱又是如何用掉的呢？因为她老人家场面大。9000多间的大宫殿，细细核算下来，也不算多嘛！何况，办事的官员还要中饱私囊呢。据康有为的调查，清宫中一切的用费都是三七开。三成是实际费用；七成是层层经手人的分润，这是例规。譬如西太后在颐和园赏王公大臣看戏，怕露天有阴雨，要搭个“凉棚”，就需花费30万两，算下来一个凉棚的实际用费也要9万两。这凉棚是怎么造的，也只有天晓得了。

宫廷的贪污是可怕的，也是可耻的。《李鸿章年（日）谱》里记载着这样一件事。当年左宗棠在新疆立了大功，返京两宫召见。太监们竟要左氏出关节费3000两，左宗棠不肯出。为了不坏宫里的规矩，最终还是李鸿章代出了。后来左宗棠将军奏对称旨，慈安太后大为感动，乃赐以先帝墨晶眼镜一副，以奖有功。谁知太监公公捧旨颁赐时，又按例索礼金数千两。脾气耿直的左将军一气之下，皇家的恩赐干脆不要了，最后又是和稀泥的李中堂替大将军出了半价买下了事。后来，李鸿章出使德国，俾斯麦曾暗喻李只会打内战。李怅然叹曰：“与妇人孺子共事，亦不得已也。”个中滋味，又怎一个“心酸”了得？

这个挥霍惯了的女人，好像对金钱没有概念。不平等条约一个接一个地签，地一块一块地割，银子大把大把地赔，她眼睛眨也不眨。当然她也有点心疼，有点不爽。她曾想借义和团教训洋鬼子，却闹出“庚子之变”，吓怕了的“老佛爷”只能再一次签订不平等的《辛丑条约》，以向众国赔偿军费 4.5 亿两白银为代价，来求列强不追究她的“罪过”。只要能够继续她的统治，继续享受她的荣华富贵，那么“量中华之物力，结与国之欢心”，又有什么不可呢？

她和光绪帝的恩怨

权力对慈禧太后有着莫大的诱惑力。她是一个有着极强控制欲的女人，一直不愿意也从没打算将权力让出。慈禧太后为了稳住自己的宝座，在亲生儿子同治帝暴卒后，又煞费苦心地将自己的亲妹妹与醇亲王所生的儿子立为小皇帝，以便继续垂帘听政，做她的皇太后。这位小皇帝便是光绪帝，慈禧一直到光绪帝 16 岁才不得已为他举行了亲政典礼。之后又拖了两年，等到光绪帝大婚后，这才在太和殿举行了归政仪式，正式撤帘。为了在幕后操控皇帝，她又弄出了个《训政细则》，以法令的形式稳固她的地位和权力。

为了能牢牢操控光绪帝，慈禧太后在光绪帝的婚姻大事上也是独断专行。她根本就不顾光绪的喜好和感受，硬是把自己弟弟桂祥的女儿推上皇后的宝座。按清帝初选后妃的惯例，一般是要选一后三妃嫔，可慈禧为了保住自己侄女在后宫的地位，竟自作主张，只是随便将一对姐妹（瑾嫔和珍嫔）硬塞给光绪，敷衍了事。既不遵祖宗的惯例，也不顾皇帝的面子，可见慈禧的霸道和光绪的可怜。更具讽刺意味的是，后来为光绪帝举办的婚礼共耗银1100余万两，据光绪帝的老师翁同龢调查，除婚礼应有花销外，还有500多万两是被慈禧太后的亲信们中饱了私囊。

不幸的光绪帝，唯一庆幸的就是嫔妃中还有一个“顺眼”的，她就是大名鼎鼎的珍妃。珍妃（当时还是珍嫔）刚入宫时年仅13岁，还是个稚气未脱的孩子。与木讷粗笨的皇后和寡淡无味的瑾嫔相比，率性天真、聪明伶俐的珍嫔自然更讨光绪的喜欢。起初，她也博得慈禧太后的赏识，还经常让她陪伴在自己身边。光绪二十年（1894年），适逢慈禧太后的六十大寿，慈禧循例将珍嫔晋封为妃。

光绪帝开始亲政的最初的几年里还算听话，凡是军国大事都会听取“亲爸爸”的“最高”指示。而当时珍妃年幼，还算讨喜，所以宫闱里便是有些风波，整体还算一团和气。然而，由于老谋深算的慈禧太后不甘心“放权”，而年少气盛的光绪帝又欲有一番作为，于是朝廷形成两大势力，即帝党和后党。

甲午之战的惨败，对光绪帝和慈禧太后都是莫大的刺激。光绪帝受刺激，是因为条约签订，盖的正是他本人的玉玺，他觉得这是大清帝国和自己的奇耻大辱。可慈禧太后受刺激，一是觉得日本人以后真是不敢得罪，二是觉得养子光绪帝不把她放在眼里。光绪先是提出要将她的寿诞用款改作军用的“不敬”建议，然后又不向她汇报，就给慈禧的宠臣李鸿章拔三眼花翎、褫黄马褂、革职留任等处分，这分明是在向她示威。于是，慈

慈禧太后像

禧太后决定杀鸡儆猴，给光绪帝一点颜色看看。

这时已经长大成人的珍妃，仗着光绪帝的恩宠，非常任性，甚至有点得意忘形。她不但不把慈禧太后的侄女皇后放在眼里，甚至参与朝政，做了些“非法”的勾当——卖官。由于得宠，珍妃卖官的规模也越来越大，成功率甚至比慈禧太后还

慈禧太后的老照片

高。有一次，她居然将上海道兼管海关的肥缺卖给了从未踏足仕途的富商鲁伯阳，令朝臣侧目。光绪帝也觉得有点过分，为了在朝臣面前挽回脸面，他决定煞一煞卖官之风，于是坚决反对给木商玉铭四川盐茶道的官职。然而，这个官职却恰恰是慈禧许诺的。因为前有鲁伯阳之事，这样的反对，就使得慈禧太后下不了台。恼羞成怒的她决定利用这次机会，祭出“杀威棒”，灭灭帝党的威风。她先是用后宫的“家法”，将珍妃当众杖责，打得死去活来，并将其降为贵人，然后又明旨给皇后，授意她打探光绪帝与嫔妃的一切事宜，并随时上报。随后又召见军机大臣，严责光绪帝包庇宠妃，并将光绪帝及珍妃身边“涉案”的太监或杀或充军，死者达60余人。

坦率地讲，把玩政术，慈禧太后无论心机还是手段，都远比光绪帝强得多。光绪帝空有一腔激情，却缺乏做皇帝（政治家）的资质，身边的幕僚也多是些腐儒酸臣。当初，帝党成员不冷静地分析现状，也不懂政治谋略，只会一味刺激光绪帝，说出“太后虽穆宗（同治帝）之母，实文宗（咸丰帝）之妾。皇上入继大统为文宗之后，无以妾为母之礼。本非母子，宜收揽大权”之类的话来。耳目众多的慈禧太后听到这番“离间母子”的话后，怒不可遏，立即对帝党官员进行围剿——文廷式革职，翁同龢革职，汪鸣鸾革职……

皇帝是这样一个容易冲动的皇帝，帝党是这样的一批异想天开的“人才”，也难怪后来的“百日维新”会失败了。对此，《清史稿》叹曰：“德宗亲政之时，春秋方富，抱大有为之志……引新进小臣，锐意更张，为发奋自强之计。然功名之士，险躁自矜，忘投鼠之忌，而弗恤其罔济，言之可为于邑……”正是因为鼠是“硕鼠”，器是“瓷器”，所以不管光绪帝怎么折腾，牢牢控制着军权的慈禧太后，轻而易举就把他“拉下马”，并将其囚禁于瀛台。后来，慈禧觉得光绪帝太麻烦，已经控制不住，便有了废帝的想法。她以光绪帝“病重”为由匆匆选了端郡王载漪15岁的儿子为皇储，这时慈禧与光绪的关系已经恶化到极点。

光绪帝的维新虽然漏洞百出，但由于制度构想西化而得到了外国公使的欢迎，他们都反对废帝，甚至派军舰在中国沿海示威表示支持光绪帝。这就使慈禧感到很头痛，后来她竟想利用义和团把洋人的势力灭一灭。然而面对洋枪洋炮，空有匹夫之勇的义和团围攻各国使馆56天，最终毫无战果，反而惹怒了洋人，八国联军打进了北京城。慈禧太后当然不愿将光绪帝留给支持他的洋人，所以挟持光绪帝匆匆西逃。那一年是中国的庚子年（1900年），所以史称“庚子之变”。

光绪的死和她有关吗?

慈禧太后西逃之前，或是为了泄愤，竟迁怒于珍妃，将其溺死在后宫的井中。可怜的珍妃死时年仅 24 岁。而光绪帝则成了慈禧太后向列强示好的平安符，虽是保住了性命，却过得生不如死。慈禧太后对他毫无怜惜之情。冬天光绪的寝宫不糊窗纸，平常饭菜还常有馊臭之物。光绪帝就在这样的煎熬中度过

清德宗光绪

了他余下的人生。

慈禧太后至死也没放过光绪。最蹊跷的是光绪帝的死，刚好比慈禧早一天，难道是巧合么？据说慈禧太后病时，曾问李莲英：“我病了，皇上在干什么？”李莲英恭敬地回答：“皇上在看书，面带喜色。”面带喜色？那就是盼“老佛爷”早点归天了？

一生好强的慈禧太后，在最后关头又岂会如他所愿呢？当时光绪虽然体弱多病，但毕竟年轻，在御医的精心治疗下，病情一直很稳定。据当时的起居录记载，光绪帝去世前两天，身体良好，还亲谒仪銮殿拜见慈禧太后，给她请安。然而第二天就病情突变，史官郑重写道：“上不豫”。第三天，史官直书：“上遘病大渐，酉刻，龙驭上宾！”是什么原因让光绪的病急转直下呢？当时御医屈桂庭在日记里记载：“余诊视一月有余，药力有效……至十月十八日……帝忽患肚痛，在床上乱滚……帝所居地更为孤寂，无人管事……最可异者，则频呼肚痛——此系与前病绝少关系者！”后人据此猜测光绪是被毒死的。是否老佛爷的意思，又是谁下手的，众说纷纭。在溥仪《我的前半生》、德龄《瀛台泣血记》以及英国人普兰德·白克好司的《慈禧外传》等书中都有不同说法，不过由于缺乏确凿的证据，遂成千古疑案。

不过，根据现有史料分析，光绪帝的死肯定与慈禧脱不了干系。因为她便是再精明，再能掐会算，也不会算得那么精准、安排得这样及时。就在光绪驾崩的前一天，病重的慈禧太后突然连发三道懿旨，令醇亲王载沣之子溥仪“著在宫内教养，并在上书房读书”，同时命载沣为摄政王，这分明是在安排光绪死后皇位交接的事宜。第二天，也就是光绪“猝死”的当天，又连发三道懿旨，顺理成章地将溥仪推上皇帝的宝座。

安排好这一切，慈禧太后的病情急转直下，突然病危。弥留之际，她发布了一生中的最后两道懿旨，一道是“交权”，“命报摄政王载沣监国，所有应行礼节，著内阁各部院会议具奏”；另一道则是适当“收权”，特别强调“遇有重大事件，必须请皇太后懿旨。由摄政王随时面请施行”。可见，这个女人，在生命的最后时刻也不愿放弃对权力的掌控。

耐人寻味的是，临终前慈禧太后留下“女人不可预闻国政”的遗训，而且强调“此与本朝家法相违，必须严加限制”。这大概是要后世只记住她一个特例吧。

光绪三十四年（1908年）十月二十二日，慈禧太后咽下最后一口气。这时，离光绪帝驾崩也就10个多小时。“母子”间的是非恩怨，大概只能带到阴间让阎罗王去明断了。

她死后的荣光和耻辱

慈禧皇太后终于死了，时年74岁。与光绪帝冷冷清清的后事相比，这位皇太后丧事办得异常奢华和隆重。慈禧太后的心腹太监李莲英亲自参加了慈禧棺中葬宝的仪式。据他和他的侄子所著的《爱月轩笔记》记载，慈禧的尸体入棺前，先在棺底铺上三层金丝串珠绣花锦褥和一层珍珠，共厚一尺多。而头戴珍珠串成的凤冠，其中冠上最大一颗珍珠重四两、大如鸡卵，价值1000万两白银。身边还有700多件奇珍异宝，甚至还在宝物殓葬完毕后，又倒进四升珍珠和红、蓝宝石2200块，填补棺内空隙。据时人估计，不算皇亲国戚、王公大臣私人的奉献，仅皇家随葬品入账者，即值5000万两白银！需要说明的是，清朝每年的国库收入也只有7000万两白银。

更具讽刺意味的是，慈禧虽然生前反对变法，可死后还是用许多西洋玩意陪葬。据说当时焚烧的不但有纸糊的新军士兵，甚至还有一辆优雅的欧式布鲁厄姆车和两匹欧洲马。看来，慈禧也不是不喜欢“维新”，只要是能供她享用，合她的意，那一切都好商量。

她大概没想到，在她死后的第三年，大清王朝便宣告覆灭。她更没想到的是，仅过了十几年，她的陵墓就被盗掘，尸骨也遭践踏。后人谈及这个女人，感慨的是她不可思议的奢华，激愤的是国家珍宝的遗失，又有几人把她那具尸体的归宿放在

慈禧太后的老照片

心上？

有一位学者这样评价慈禧："她是一个精致的女人，一个富于个性的女人，一个无所畏惧的女人；一个大胆的女人，一个不顾后果的女人，一个败家亡国的女人。"这样的一个女人，若只是纯粹地做个女人还好，可一旦与政治有染、和社稷相关，女人的是非和优劣便被无限放大。政治放大镜里的女人，毫无美丽可言，只可能是变形的怪物。百年一叹，到底是埋怨红颜酿成了祸水，还是感叹祸水玷污了红颜？

美人地理

颐和园　位于北京市西北郊，距市中心约19公里，是清代的皇家园林和行宫。颐和园原名清漪园，建成于1764年。它占地290公顷，其中水面220公顷。园内分为宫廷区、前山前湖区、后山后湖区三大景区，共有殿堂楼阁、亭台水榭3000余间。

定陵（慈禧陵）　清东陵坐落在河北省遵化市马兰峪镇的昌瑞山下，西距北京125公里。它是清王朝入关统一全国后在北京附近所修建的两个帝、后陵寝之一。定陵（慈禧陵）隆恩殿内有辉煌的金饰。这些精美豪华的装修不仅在明清两代的皇陵中独一无二，就是在紫禁城中也难以见到。

賽金花

——命运多舛的红颜

赛金花（1872—1936），初名傅钰莲，又名彩云，安徽黟县人。幼年被卖到苏州『花船』上为妓，光绪十三年（1887年）嫁给前科状元洪钧为妾。洪均死后，被迫重操旧业。庚子之后，因虐待幼妓致死而入狱，遣返苏州原籍，后重返上海。晚年生活穷困潦倒，1936年病逝于北京。

中国有两个活宝，慈禧与赛金花，一个在朝，一个在野；一个卖国，一个卖身；一个可恨，一个可怜。

——刘半农《赛金花本事》

从妓女到状元夫人

自从有了照相术以后，历史便少了几分浪漫的想象。文字的描述也开始大幅度缩水，少了几分诗意的张扬。当历史更接近真实的时候，我们反而有了几分失落和寡然。

譬如说晚清名妓——赛金花，她有着“公使夫人”、“东方第一美女”、“第一位出入欧洲上流社会的中国公关小姐”、“最后一位裹着小脚的具有明星气质的交际花”等等能激起我们丰富联想的称号。但是，当你看过现存的一些老照片后，你会发现不过尔尔。

赛金花像

除却当时照相术不发达，可能部分失真外，更重要的原因也许在于每个时代有每个时代的审美标准和流行偏好。当年，写《赛金花本事》的商鸿逵先生曾在回忆的文章里写道：“我见着她的时候，已是花甲之岁，望之犹如四十许人。记得刘半农先生向余上沅（戏剧家）说，看这个女子当是清末时期的标准美人。”

就是这样一个无法用现代审美眼光来衡量的美人，有着不一般的坎坷人生和传奇经历。她原名傅彩云，祖籍安徽，幼年被卖到苏州“花船”上为妓，由于先后下嫁于赵、魏两家，故又有“赵灵飞”和“魏赵灵飞”两别名。1887年，她嫁与洪钧为妾，洪钧是同治七年（1868年）戊辰科的状元，故她又有“状元夫人”的美称。赛金花嫁给洪状元时大概也就十几岁，而状元公洪钧已五十开外，两人年纪相差极大。光绪十三年（1887年），清廷派洪钧出使俄、德、澳、荷四国，可以携带夫人同往。然而洪钧的大夫人年龄太大，又是一个缠了足的小脚女人，加上思想守旧，不愿意随其出国，于是年轻貌美的赛金花便以“公使夫人”的身份随洪出使。后在柏林居住数年，并到过圣彼得堡、日内瓦等地，见过不少世面。

光绪十八年（1892年），洪均任期满，奉命回国，不久病逝。也许太过年轻（那时她刚刚20岁），又受了西洋文化的影响，所以赛金不愿从此独守空房，为一个死去的男人守节。也许早已料到洪家容不下她这个当过妓女的小妾，迟早会将她扫地出门，因此就在“扶榇南归”的时候，携带细软跑到上海去了。在那里，年轻的状元夫人挂起“赵梦鸾”、“赵梦兰”的牌子，重操神女生涯。据说在云屏绣箔间，特意悬挂一帧洪钧的照片，使得走马王孙与她相依相偎之际，可一睹状元的丰仪，从而生出些别样的情调来。

当她对上海失去兴趣后，又于光绪二十四年（1898年）夏天移师天津，再次亮出“状元夫人”的招牌，一时车马盈门，生意极其红火，可谓红极津沽一带。那时，26岁的她已经升为鸨母级别，有了自己的妓院。她以自己的名气招募了一批漂亮的女子，在江岔胡同组成了南方韵味的“金花班”，“赛金花”的名号也就是从这时开始叫响。

护国娘娘和赛二爷

赛金花的人生传奇，在八国联军侵入北京之后达到一个高峰。后世传说有多种版本，大致意思是说她曾以使节夫人的身

赛金花当年所在的怡香院

份去过柏林，懂得一些德语，还与一名年轻的陆军尉官瓦德西发生过一段浪漫的故事。后来八国联军统帅便是她的老相好瓦德西，她正是利用这层特殊的关系，吹了许多枕边风，不仅制止了联军的大屠杀，而且保护了皇宫，使之没有被焚毁。甚至在议和过程中，连李鸿章都束手无策时，也是由她出面，成功劝说了克林德夫人（克林德是义和团运动时的德国驻北京公使，在运动中被杀）接受了立碑道歉的条件。这个“妓女救国”的故事，虽然老套，但大多人都信以为真，民间甚至把她尊称为“护国娘娘”。对于这件事情，赛金花向来持暧昧态度，不承认也不否认。后来在老年潦倒不堪时，为了求得生计、迎合时人口味，才编了不少假话、瞎话，而且前后矛盾，实在不足为信。

其实，时任联军统帅的瓦德西官至陆军上将，还是德皇威廉的侍卫长，当时已年近古稀。即使假定是10年前在德国和赛金花相识，也是近60岁的年纪，以这样的年纪判断，不可能还是一个“年轻的陆军尉官”。因此，以上种种说法很是靠不住。另外，以赛金花的文化素养判断，可能她也只是粗通几句德语罢了。曾亲历“八国联军祸乱”的同文馆学生齐如山回忆说，那时赛金花想和德国人做生意，还要找齐如山帮忙，而齐如山的德语“仅能对付弄懂而已”，可见她的德语实在是“稀松得很”。齐如山也直言赛金花与德国军人的确有点来往，但都是中下级军官，连上尉都很难搭讪上。因为上尉已算很大的官，“言行上便需稍微慎重”，以此推断，结交联军最高统帅瓦德西更是不可能的事。而另一位亲历祸乱的丁士源在所著《梅楞章京笔记》中提及，说赛金花只是在远处望见过瓦德西一眼。

当初，北京被占领以后，八国联军统帅瓦德西曾特许士兵公开抢劫三天，然后各国对北京实行分区占领，着手恢复秩序。颇有讽刺意味的是，北京最早恢复的商业活动，竟然是娼业。

而赛金花当时就住在京城著名娼寮集中地八大胡同之一的石头胡同，而石头胡同又恰归德军管辖。也就是说，她是有机会和德国军官接触的，当然，也可能里头有一个同姓瓦德西的尉级军官。

30年后的一个秋天，她应邀去“世界学院”接受德国记者采访，当问及她与瓦德西将军的关系时，她只是含混地搪塞过去。而问她在八国联军进驻北京时做了哪些事情时，她举的两个例子也不太可信。她说有一次，联军把北京很多老百姓赶到一个大寺院里，准备了许多砖头瓦块，叫老百姓用砖头去打佛像。凡是打了的老百姓站在一边，不肯打的站另一边。她听闻此事后，急忙赶到现场，经了解，原来联军想用这个办法判断谁是义和团成员。他们认为凡是不肯打佛像的都是义和团的人，准备一律处死。于是，她就给他们解释，说这个庙是关帝庙，里面供的是关老爷，不是佛像，关帝最讲义气，老百姓对他十分崇敬钦佩，怎能用砖头去打呢？不打又怎能就是义和团呢？经过她的这番质问和解释后，联军就把这一批老百姓放走了。靠她那“稀松得很”的德语，也不知是如何解释的。

讲的另一件事，是说联军与清廷“议和”时，长时间达不成协议，主要矛盾就是德国要求恢复和赔偿克林德名誉，并且条件十分苛刻。后来是她出面与德方交涉，说服了克林德夫人。她的原话是这样的：“‘你们外国替一个为国牺牲的人作纪念都是造一石碑，或铸一铜像；我们中国最光荣的办法却是树立一个牌坊。您在中国许多年，没有看见过那些为忠孝节义的人立牌坊吗？那都能够万古流芳、千载不朽的！我们给贵国公使立一个更大的，把一生的事迹和这次遇难的情形，用皇上的名义全刻在上面，这就算是皇上给他赔了罪。’经我这样七说八说，她才点头答应了。这时我心里欢喜极了，这也算我替国家办了

赛金花的老照片

一件小事。听说条约里的头一项就是这事哩!”不管如何，她懂得些外文，又曾是清朝的公使夫人，由她出面去劝说另一个公使夫人，也算合理。国难当头之际，那些迂腐的权贵也需要这样一个女人进行非正式的“外交斡旋”。依她的口述，她认识的清末当权人物很多，如载勋（庄王）、奕劻（庆王）、李鸿章、立山、荫昌、孙家鼐等。“赛二爷”的称呼，据说就是立山戏弄出来的。而那座克林德纪念碑就建在东单大街，第一次世界大战结束后被迁移到中山公园。据说在拆迁克林德牌坊的仪式上，辜鸿铭曾对赛金花说：“你做过一些义举，于社会有功，上苍总会有眼的。”

没有可靠的史料佐证她的说法，历史的真相依然离我们遥远。不过，我们情愿相信她曾有过类似的善举。她也可能见过瓦德西，和德军做过生意，劝过联军不要随意杀戮，但绝没有她后来描述的那么传奇和夸大。不过，许多文人倒是相信她曾起过莫大的作用。苏曼殊《焚剑记》里记述：“庚子之役，(赛金花）与联军元帅瓦德斯（西）办外交，琉璃厂之国粹，赖以保存。……能保护住这个文物地区，不使它遭受捣毁破坏，也应算她作了一桩好事。”林语堂的《京华烟云》里也有这样的话语：“北京总算得救，免除了大规模的杀戮抢劫，秩序逐渐在恢复中，这都有赖于赛金花。”

倒是鲁迅先生在《这也是生活》里冷冷地说了一句：“义和团时代，和德国统帅睡了一段时间的赛金花，也早已被封为九天护国娘娘了。”这话给我们当头棒喝的警醒。如此津津乐道于妓女舍身救国的故事，是不是说明我们这个民族男人的某种心理情结？

最后的魏赵灵飞

庚子年的风光之后，赛金花可谓是厄运连连。先是在辛丑年（1901 年）因为殴杀一名妓女而被监禁，虽托人打通关节，终因人命关天，被遣送回原籍。回到家乡的赛金花，还是扮演起鸨母的角色，继续她的卖笑生涯。后来，赛金花又回到上海先给曹姓男子做妾，但不久老公便暴病身死。再后来，她与时任民国政府参议员的魏斯耿结婚。过了三年幸福、平静的生活后，再次孀居。

13年后，当商鸿逵采访她、准备编写《赛金花本事》时，年过花甲的她还是“最爱谈嫁魏事”，而且“每谈起”，就要“刺刺不休”。为她作传的商先生很厌烦她这样，以为她“嫁魏后之一切生活，已极为平凡，无何足以传述矣！”当时，商还是个学生，很年轻，不懂得这个经历过大起大落的女人，最羡慕、最需要的恰是这“极为平凡”的生活。

而那位写《赛金花故事编年》的瑜寿，同样不懂。他讥讽地写道：“赛氏晚年，特别珍视他们所照的结婚像，悬在房中，逢人指点。在这张照片中，魏着大礼服，胖得像一口猪，赛氏披纱，绣花服，面色苍老。”在这位瑜先生内心深处，这样一个风尘女子丝毫激不起他一点同情心和怜悯心。

赛金花晚年只称自己是魏赵灵飞，不再自称是那个独占花魁的状元夫人，也不是名满京城的赛金花。她只愿归于平淡，安静地守着一个男人曾给予的名分和幸福，在回忆中打发余生。

然而，世人感兴趣的却还是她前半生做妓女的传奇。大家要听的只是色情的故事，把玩的只是臆想的传奇，没有人懂得尊重她，更谈不上真正了解她。但有一个人是例外，他就是商鸿逵的老师——刘半农教授。他不同于那些一心从她那里猎奇换钱、沽名钓誉的人。他对她多有同情，写书动笔之前就确定了一个原则，以她本人作叙述人，尽量忠实于她本人的回忆。那时，有许多人反对他给妓女写传，认为有失学者尊严。后来刘半农急病暴卒，但在胡适先生的支持下，《赛金花本事》还是得以写成问世。在刘半农的丧礼上，赛金花献上了一副由别人代笔的挽联——“君是帝旁星宿，下扫浊世秕糠，又腾身骑龙云汉；侬惭江上琵琶，还惹后人挥泪，谨拱手司马文章”，以此表达她的敬重和哀悼。

赛金花与江西民政厅魏斯耿在上海结婚（1918年）

赛金花的晚年，生活相当凄凉。她和一名叫顾妈的老仆在居仁里一处平房内闭门寡居，靠着典当和借债度日。当时，有一位叫陈彀的记者过去采访，看到的情况是："时天已甚冷，无钱加煤，炉火不温，赛拥败絮，呼冷不已。顾妈伴赛，同居此室凡十五年，赛有卧榻，顾妈则对榻睡于一极狭极狭之春凳上，十五年如一日。此时却唯有与赛同卧偎抱以取暖"。那时，她连一个月八角的房租都付不起，当时的报纸以《八角大洋难倒庚子勋臣赛二爷》做了详细的报道。

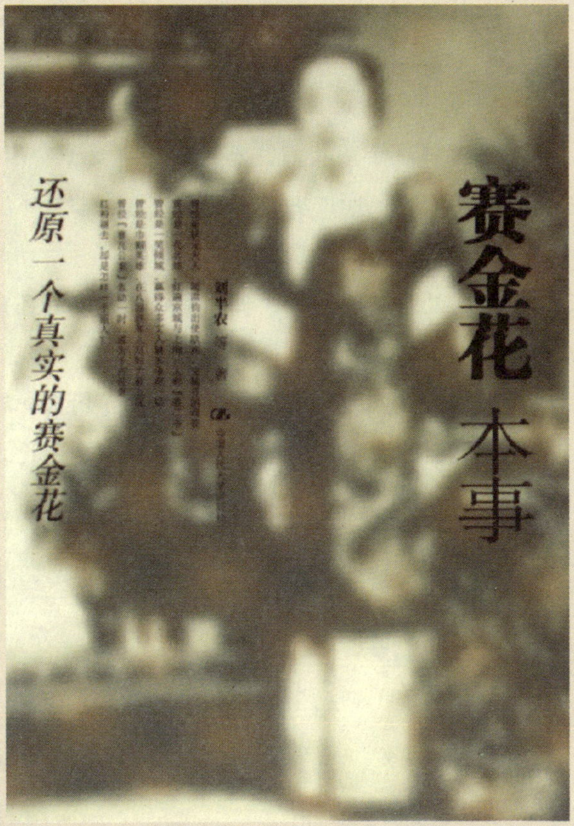

《赛金花本事》封面

民国二十五年（1936 年）的冬天，赛金花终于油尽灯灭，病逝于居仁里16 号的家里，时年 64 岁。她死后，经各界捐助，得以落葬于陶然亭锦秋墩南坡上。她的墓表，原拟请金松林撰写，可金深以为耻，说“赛之淫荡，余不屑污笔墨”，“我有我之身份，不能为老妓谀墓”，断然拒绝。那时，倒是有许多人愿意给这名奇女子写墓表，但后被一个叫潘毓桂的争得。他是个汉奸，1939 年上任后不久便特意为赛金花写了一篇志文，文中恭维她在庚子年间的作为“媲美于汉之‘明妃和戎’”，“其功当时不可知，而后世有知者”。这明显是借人喻己，为自己的汉奸行径辩护。

不知被人利用了一辈子的魏赵灵飞，若在天有灵，对此会有何感想？

对于这样一个离我们并不遥远的奇女子，不知是赞是叹。因为离我们太近，所以史料丰富，演绎也非常丰富。然而，那些史料的记载，依然多是猎奇的产物，那些生动的演绎，还是毫无新奇之处。骂她也好，赞她也好，说到底还是在重复着一种变味的人文情结。难道每逢国难当头之际，我们能指望的就是以身报国的女人吗？中国重复了几千年历史悲剧，什么时候才可以止演？陈腐俗套的“红颜救（亡）国”论，又何时得以休矣？

美人地理

归园·赛金花故居　在安徽省黟县建有赛金花故居，建筑的设计都有其历史依据，除了围墙是新的，内部一砖一瓦、一切构件和设置都是修旧如旧。除了依据原貌恢复旧的赛金花故居外，还修复了赛氏祖居——归园。

陶然亭·赛金花墓　赛金花去世后，被葬在陶然亭香冢和鹦鹉冢之间。墓为大理石砌成，墓前立有高1.8米的花岗岩巨碑。1952年，北京市人民政府修整陶然亭时，将赛金花坟墓和墓碑一并迁走，后在“文革”中遭破坏，现存墓碑，陈放于慈悲庵石刻陈列室内。

小鳳仙

——代价惨重的知音

小凤仙，浙江钱塘人，『流寓袁哑，堕入妓籍，隶属陕西巷云和班，相貌乏过中姿，性惦趄是孤傲，所过人一筹的本领则粗通翰墨，喜缀歌词，又生成一双慧眼，能辨别狎客才华』。民国四年（1915年），小凤仙结识蔡锷，时年17岁。同年11月，袁世凯称帝前夕助蔡锷逃出北京。都中人士赞称她为侠妓。

最为人所津津乐道的民国妓女，大概就算小凤仙了。她恐怕是中国千百年来传统文化情结中“女人救国”的最后一位，也是最鲜活的一个文化标本了。那个时代，她以特殊的身份，碰上一个特殊的人物，经历了一段不平凡的故事，却因为触动了文人心中的某种情结，于是衍生了一段英雄与美人之间的佳话传奇。

蔡将军的难处

蔡锷是民国初年的风云人物。

蔡锷将军

蔡锷，字松坡，1882 年出生于湖南宝庆（今湖南邵阳）。虽然出身贫寒，可是聪明好学，幼年有“神童”之称。后留学日本，于 1904 年毕业于日本陆军士官学校第三期，又因成绩优秀，被列为中国“士官三杰”之一。辛亥革命爆发，蔡松坡和滇军将士起而响应，一举光复昆明，蔡被推举为云南首任都督，时年仅 29 岁。

此时的袁世凯鬼迷心窍，一心要复辟帝制。而要坐上皇帝的宝座，就必须扫清障碍。随着二次革命的失败，袁世凯深知蔡锷与梁启超、孙中山、黄兴等革命党人关系密切，所以视军界新锐蔡锷为心腹大患。袁遂于 1913 年 10 月调蔡进京，封其为“昭威将军”，并责令大公子袁克定拜蔡为师，同时还暧昧地向蔡锷透露：更辉煌的前途是陆军总长。貌似重用贤能，实则驱虎入笼。

起初蔡锷将军对满口共和的袁世凯还抱有很大的热情和幻想。但很快就看穿了袁的把戏，对他独裁、卖国、妄想称帝的种种行径大为失望。而袁世凯在对蔡锷百般拉拢无效后，便派人严密监视。

羁留北京的蔡锷将军，看似显赫，担任的却都是些有名无实的职务，终日无所事事，还要受监视。何况他身为共和元老，却要整日和一群搞帝制的小丑厮混，自然非常郁闷。后来，在老师梁启超的授意下，他暂时放下自己的“人格”，假装赞成帝制，并表现得“忠心耿耿，积极劝进”。同时，为了避袁世凯耳目，他还要故作韬晦之计。于是，蔡将军怀着非常使命，经常到北京八大胡同走动，并在那里认识了小凤仙。

小凤仙的妙处

不管我们如何感慨小凤仙与蔡锷将军的爱情传奇，都不能改变一个事实，尽管这有点令人沮丧，那就是这个高山流水觅知音的故事，更多的是文人的演绎和世俗的附会，与真实情况已经有了很大的距离。或者说，我们可能太过美化和放大了他们之间的爱情。

小凤仙本是北京八大胡同陕西巷云和班的一个普通妓女，《民初史略》上说她“相貌乏过中姿，性格且是孤傲”，只不过“粗通翰墨，喜缀歌词”，倒也颇受许多风流文士的追捧和赞赏。另外，书中还说她还生有一双慧眼，能“辨别狎客才华”，所以蔡松坡初次与她相见时，她便一眼认定蔡是一位非常人物。这个说法也可能只是文人善良过度的想象吧。

小凤仙结识蔡锷时才 17 岁。从后来小凤仙的回忆来看，她强调的也是对蔡将军的敬重，倒看不出文学作品里描述的那般浓情和缠绵。便是在她晚年经常拿出蔡的照片端详之时，有人问及，她也是淡淡地回答，说是一个朋友。为何要将心爱的人儿界定为“朋友”呢？我们不得而知，但她的态度确实耐人寻味。

还有一个尴尬的事实，那就是蔡锷竟没有给小凤仙留下任何能充当感情见证的信物。在随后的一年时间内，蔡将军竟也没有给小凤仙捎去任何口信。如果说是蔡锷走得太过匆忙或军务繁忙，都无法令人完全信服。由此，我们可以大胆推论，蔡锷将军对小凤仙的感情，若说逢场作戏，有点残忍，但肯定不是纯粹的儿女之情。根据当时许多重要的当事人回忆，蔡将军的出逃，是预谋已久的。也就是说，他当初去八大胡同，与小凤仙邂逅，有偶然因素，还有另一层“找掩护，遮耳目”的动机。

感情虽有不纯之嫌，好在是相处日久，蔡将军也将实情告知于她。而她也算深明大义，成全了英雄，并落下一个“侠妓”的名声。只是对于爱人而言，这样的名分就有点悲情的味道了。

助将军出逃

无论于国于家，蔡锷都必然要出逃。但小凤仙有没有协助蔡锷出逃，以何种方式协助出逃，则是很有意思也是很有争议的话题。由于蔡将军出逃的意义重大，加上潜逃的经过神秘离奇、扣人心弦，以至后来流传有多种版本。

根据梅兰芳的秘书许姬传转述小凤仙的自述：她最初并不知道蔡锷的真实身份，也不知道他反对袁世凯做皇帝。只是觉得他气度不凡，很是神秘。特别是每次一来，总有些不三不四的人跟到班子里来，给人鬼鬼祟祟的印象。其实这些人就是袁世凯派来监视蔡锷的密探。而蔡锷日日到八大胡同云和班“厮混”，本也是借小凤仙打掩护的，后来相处时间长了，有所信任，才向她吐露了真情。再后来，待时机成熟，也是在小凤仙的帮助下成功出逃。据说那天是趁着掌班过生日机会，人多杂乱，小凤仙先是有意把窗帘挑起，让外面的密探可以看见屋里的情况。然后蔡锷装作去厕所，衣服、怀表都没拿，使监视的人以为他不会走远。此时小凤仙让人把卷帘放下，外面的人无法判断蔡锷是否还在屋里。蔡锷就此从容逃走。

而蔡锷的密友——蔡锷出逃事件的重要当事人之一哈汉章回忆，民国四年（1915 年）11 月 10 日，是哈汉章祖母的八十

云和班的小凤仙（右）

寿辰，蔡锷应邀出席。当夜蔡与友人通宵打牌，使得袁所派的监视密探彻夜未眠，疲倦至极。清晨7时，蔡锷由哈汉章宅侧门出去，直入新华门总统办事处，煞有介事地电告小凤仙，午后12点半到某处同其吃饭。监视的密探因此麻痹大意，“不虞有他，乃小寐传达处”。于是蔡借机溜出，直奔火车站，从此一去不复返。

还有一种说法，是根据陶菊隐所写的《北洋军阀统治时期史话》：蔡锷从10月下旬开始就经常请病假不上班。然后借着与小凤仙乘车出游的机会溜到东车站，而梁启超早已派人在车站接应。蔡混在三等车厢里，安然逃至天津。

除此之外，还有其他版本，由于缺乏证据，均不足采信。而以上三种出逃版本，或多或少都与小凤仙有关，也比较接近历史。那就是小凤仙确实在出逃中起到了一定的“掩护”作用，但看整个事件的精心策划及周密安排，估计是有更重要的人物在暗地里帮忙，而不可能像后人演绎的那样，全部功劳都归于小凤仙。

其实小凤仙也没有邀功，更没有像赛金花那样凭空演绎，她只是朴实地道出一个小女子曾经如何帮助一个大人物出逃的经过罢了。然而，不管革命党人或蔡的友人等这些“绿叶”在出逃计划中的贡献如何大，世人更关注小凤仙这朵“红花”。因此，刘成禺在其《洪宪纪事诗》中才会采信流行的说法，饶有兴趣地记录道：“当关油壁掩罗裙，女侠谁知小凤仙。缇骑九门搜索遍，美人挟走蔡将军。”

成功出逃的蔡将军“以菩萨心肠，行霹雳手段”，组织

容貌端庄的小凤仙

“护国军”，通电全国，宣布讨袁，誓完成“再造民国”大业。然而，天妒英才，连日征战，蔡锷将军因旧疾复发，加上劳累过度，于1916年11月8日不治病殁，年仅34岁。蔡将军去世后，北京政府追赠他为上将军，并举行国葬典礼，同时在北京中山公园设灵堂吊唁。据传小凤仙也曾白马素车，到灵堂致祭，并寄挽联一副，这样写道：

万里南天鹏翼，直上扶摇，哪堪忧患余生，萍水姻缘成一梦；

几年北地胭脂，自悲沦落，赢得英雄知己，桃花颜色亦千秋。

落寞的结局

蔡锷将军故去后，小凤仙的个人历史便又开始模糊不清了。据她后来在信中所述，1917年她曾和梅兰芳在北京观音寺有一面之缘，那是由徐姓省长做东的饭局。由此推断，在蔡将军故去后的相当长时间里（至少两年），她依然可以参加这样高规格的社交活动，可见当时还是京城的社交名媛。在解放前那段日子里，她先是嫁给东北军的一个师长，移居到沈阳，后来又改嫁给一个叫李振海的工人。这30多年的是非苦难，我们就不得而知了。

解放后，她先是进被服厂工作，后又给东北统计局某干部做保姆。日子过得大概太过清苦，所以在1951年，趁梅兰芳到沈阳演出之便，托其帮忙。后“经梅同志之援助”，被安排到东北人民政府机关学校当保健员。耐人寻味的是，那时的小凤仙给自己起了一个意味深长的名字——“张洗非”。

这位曾经冠盖京华，名动公卿的一代名妓，经过岁月的洗礼，终是洗尽铅华，坦然接受了命运的安排。据她的养子李有才回忆，小凤仙“吃穿坐行就透着和别人不一样的地方”。而她的养女李桂兰则以女性的角度总结：“爱美，整洁，不爱干活。”同时，还特地指出一个有趣的生活细节：“刚建国的时候，大家都穿得很土气，可是她特别爱穿旗袍，而且在旗袍一侧别着一个小手帕。1 米 6 左右的个儿，不穿高跟鞋走起路来也一扭一扭，特别美……”在后辈的回忆中，这位迟暮之年的美人儿，不但干净漂亮，而且乐观随和，可就是不轻易向别人诉说心事。

对于如烟往事，纵是惊心动魄，对于惊世爱情，纵是刻骨铭心，如今也都已物是人非，还是不谈为好。不谈不等于遗忘。在她生命的最后几年，她最珍贵的东西便是留存的大堆照片。蔡将军当年英姿飒爽的照片，大概是她最好或是最荣光的精神寄托了。若有人好奇问及那位将军是谁，小凤仙也只是“浅浅一笑”，以“一个朋友”淡然回应。

“不信美女终薄命，从来侠女出风尘”，这副对联的后半句，算是早早应验了。但前半句却最终没有应验。1954 年春，她突然患上类似于脑血栓的病症，正是在这一年，小凤仙的生命时钟戛然而止。据说小凤仙去世前一周，一直想开口说话，但就是说不出，7 天后才咽下这口气。一身传奇的她，终是以一个普通人的身份，完成了人生最后的谢场。陪她一起进入棺材的，除却她“最喜欢的照片和衣服”外，大概还有那一肚子没说出的哀怨和忧伤吧。

一瞬的甜蜜爱情，一时的光鲜名分，需要付出大半生的苦涩和凄凉。传奇再是精彩，也终是别人的臆想，与现实的小凤仙倒无多大关系。这样惨重的代价，以及漠然的结局，不知小凤仙曾持何感想？

美人地理

长宫饭店　　蔡锷与小凤仙的双栖之所——樱桃斜街 11 号的小楼，现为长宫饭店。

西城区棉花胡同 66 号　　1913 年至 1915 年，蔡锷困居北京的那段日子里，所住的地方在如今的西城区棉花胡同 66 号，许多惊心动魄的故事就发生在这所普通的宅院中。经过近百年的变迁，现在是普通民宅。